the difference
더 디퍼런스
더 좋은 책을 만들기 위한 남다른 열정

진짜 공신들을 위한

중학대비
필수영문법

신석영 지음

GRAMMAR

저자 소개

신석영

현) 아일랜드 교육 대표

주요 저서

Just Reading 1, 2, 3 (전 3권)
Just Grammar 1A/1B, 2A/2B, 3A/3B (전 6권)
Just Grammar Workbook (전 3권)
Aim Higher English Skills for Assessment (전 3권)
Voca Killer (전 3권)
I can Grammar (전 4권)
I can Reading (전 3권)

영문교열

Ian Anthony Highley

진짜 공신들을 위한

중학대비 필수영문법

지은이 신석영
발행인 조상현
발행처 더디퍼런스

등록번호 제2015-000237호
주소 서울시 마포구 마포대로 127, 304호
전화 02-725-9988
팩스 02-6974-1237
이메일 thedibooks@naver.com
홈페이지 www.thedifference.co.kr

ISBN 979-11-86217-51-1 63740

진짜 공신들을 위한

중학대비 필수영문법

신석영 지음

GRAMMAR

진행형 · 형용사
시제 · 문장의 종류
전치사 · 의문사 편

더디퍼런스

Preface

영어를 반드시 공부해야 하는 궁극적인 목표에 대해 생각해 보면, 우리 아이들이 비단 특목고, 대학입학, 토플과 텝스의 고득점이 목적이 되어서는 안 된다. 사실 이러한 것들은 우리 아이들이 꿈을 향해 나아가기 위한 하나의 과정에 지나지 않는다. 점수를 얻어 좋은 대학만을 목표로 삼는 사람은 없을 것이다. 영어를 공부하는 제 1의 목표는 영어라는 도구를 가지고 자신의 꿈에 한걸음씩 나아가는 것이다. '꿈에 젖은 수년보다 강렬한 한 시간이 더 낫다' 라는 말이 있듯이 글로벌 지식 경쟁 사회의 학생들에게 막연한 꿈만 심어 줄 것이 아니라 자신의 영역에서 보다 더 뛰어난 전문가가 되기 위해 지식을 습득하기 위한 도구로서의 영어의 중요성을 일깨워 줄 필요가 있다.

세상의 모든 전문화된 지식은 영어로 되어 있다고 해도 과언은 아닐 것이다. 한국어로 공부하는 데에는 분명히 한계가 있다. 영어로 되어 있는 지식체계가 그 양적으로 보나 질적으로 보나 절대적으로 많으며 그 수준 또한 훨씬 높다. 지난 10여 년 동안 학생들을 지도해 온 결과 당장 눈앞의 내신과 수능영어에만 목표를 두는 학생들은 물론 좋은 대학에는 갈 수 있었지만, 그들의 꿈은 국내에만 머물러 있었다. 하지만, 그저 평범했던 아이들의 영어실력이 향상되면서 동시에 자신의 꿈과 기대치도 상승하여 이미 하버드나 스탠포드에 진학하겠다는 높은 목표 설정을 이루게 된다. 또한 이러한 원대한 꿈은 왜 내가 영어를 공부해야 하는가에 대한 중요성을 깨닫게 해 준다.

중학대비 필수영문법은 그러한 원대한 꿈을 가지는 아이들에게 좋은 안내자가 될 수 있는 문법 책이 될 것이라 자부한다. 기본부터 심화까지 다양한 연습문제와 인증시험을 위한 문제로 자연스럽게 연결되어 마지막에는 배운 문법 지식을 활용하여 영작, 서술형으로 마무리할 수 있게 하였다.

"요즘에는 문법이 필요 없지 않느냐?"라는 질문을 많이 하는데 전혀 그렇지 않다. 물론 말하기도 중요하겠지만 한 사람의 영어를 정확하게 평가하는 척도는 글쓰기(Composition)이다. 토플에서도 Structure(구조적인 문법 문제)가 빠지고 말하기와 쓰기가 도입되면서 한국 학생들의 토플성적이 바닥을 치곤했는데, 이는 바로 문법에 대한 기본기가 되어 있지 않으면 말하기는 물론 특히 쓰기는 절대적으로 불가능하다는 것을 반증하는 것이다.

다시 한 번 강조하지만 이번 중학대비 필수영문법은 이 모든 것을 해결해 줄 좋은 안내자 역할을 하게 될 것이다. 필수영문법을 통해 많은 도움을 얻고 학생들에게 행복한 웃음을 선사할 수 있길 희망한다. 필수영문법 시리즈와 함께 재미있게 배우는 영어, 커가는 영어실력과 함께 꿈까지 커가는 영어를 선사하고 싶다. 아이들의 꿈이 곧 미래이고 그 꿈이 저절로 아이의 영어를 키워 줄 것이다.

마지막으로 중학대비 필수영문법이 출간되기까지 더 좋은 책을 위해 헌신의 힘을 다해 주신 더디퍼런스 관계자분들께 고개 숙여 깊은 감사를 드린다. 항상 옆에서 힘이 되어주는 내 가족에게 깊은 감사와 사랑을 전한다.

신 석 영

About Just Grammar Starter

1 우리말 안에 영문법이 있다!

우리말과 영어를 비교해서 미리 배울 내용을 재미있게 이해할 수 있도록 하였습니다.

2 문법 해설

그림과 대표예문만 봐도 쉽게 영문법의 활용을 이해할 수 있는 Visual Approach의 도입, 문법 설명의 시각화로 문법 개념의 이해가 머리에 쏙쏙! 예문과 설명을 한눈에 볼 수 있게 구성하여 참신한 예문과 원어민들이 실제로 사용하는 표현을 담았습니다. 일대일로 대응되는 설명을 제시하여 편리하게 학습할 수 있도록 구성되었습니다.

3 바로 확인해 보자!

주관식과 객관식의 다양한 연습문제를 수록하여 서술형을 대비하는 기초 실력이 차곡차곡 쌓입니다.

4 인증시험 문제

고리타분한 문법 문제들을 억지로 넣기 보다는, 실제 토셀(TOSEL)과 텝스(TEPS)의 유형을 익혀 인증시험에도 강해질 수 있도록 구성하였습니다.

5 Writing Activity!

실제 문장 구성능력을 향상시킬 수 있도록 쓰기영역을 강화했습니다. 배운 문법 내용을 다양한 유형의 문장 완성을 통해 확인하고, 서술형 평가 시험에 대비하는 창의적인 사고 능력을 키워 줄 것입니다.

6 중학 내신 뛰어넘기

학교 시험에 자주 나오는 유형을 분석하여 출제 가능성이 가장 높은 문제 중심으로 수록하였습니다. 짧은 문장을 비롯해서 대화문이나 독해 문제 등 다양한 문제를 풀면서 자신의 실력을 정확하게 진단해 볼 수 있게 구성하였습니다.

7 STOP! 반드시 짚고 넘어가자!

공부한 문법에 대한 핵심 개념을 빈칸 처리하여 문법 개념을 스스로 점검할 수 있게 하였습니다. 학교에서나 학원에서는 Oral Test를 볼 수 있고 친구들과 함께 서로 테스트해 볼 수 있도록 하였습니다.

8 Review Test

3~4개의 챕터가 끝날 때마다 중간 점검을 할 수 있는 테스트가 제공되어 공부한 문법 내용을 다시 정리해 보도록 하였습니다.

9 Final Test

한 권을 마무리하며 이제껏 배운 내용을 중심으로 종합평가를 할 수 있도록 하였습니다. 단답형과 서술형 문제로 구성되어 서술형에 대비해 글쓰기 능력을 최대한 향상시킬 수 있도록 하였습니다.

Contents

Chapter 1
진행형 /
Wh-+일반동사

Unit 1. 진행형의 의문문 / 부정문

Unit 2. 의문사가 있는 일반동사의 의문문

이다 너는 듣다 음악?
Are you **listen** to music? (X)

한국말에 '너는 음악을 듣고 있니?'라고 하면 그냥 똑같은 평서문에 끝만 올려 말하는 거야. 영어는 be동사를 문장 맨 앞으로 보내고 listen을 **listening**으로 고쳐서 Are you **listening** to music?으로 말하는 거야.

적절한 의문사를 써야 해! why(왜)가 아니라 **when**(언제)라는 의문사를 써야 하는 거야.

왜 영화가 시작하니?
Why does the movie start? (X)

진행형의 의문문 / 부정문

Is she watching the news?
No, she isn't. She is reading a book.

The man is not(isn't) sleeping.
(= He's not sleeping.)

1 진행형의 의문문과 대답

Are you listening to music?

긍정 : Yes, I am.
부정 : No, I am not.

Is Kathy having lunch?

긍정 : Yes, she is.
부정 : No, she isn't.

Are they dancing on the stage?

긍정 : Yes, they are.
부정 : No, they aren't.

Was he watching TV?

긍정 : Yes, he was.
부정 : No, he wasn't.

▶ be동사는 언제나 문장 맨 앞으로 보내어 의문문을 만든다. 대답은 주어에 맞는 be동사를 그대로 사용하여 짧게 말한다. **우리말 '~하고 있니?' 의 뜻이다.**

▶ 과거는 was와 were를 문장 맨 앞으로 보내고, 단수 주어에는 was로 복수 주어에는 were로 짧게 대답한다.

2 진행형의 부정문

She is not eating an apple.

He is not waiting for a bus.

I am not playing soccer.

They are not washing the dishes now.

Sunny was not taking a walk in the park.

Peter was not looking at his watch.

Jason and Tom are not having a conversation.

▶ 부정문을 만들 때는 언제나 be동사 뒤에 not만 붙이면 된다. **우리말 '~하고 있지 않다' 의 뜻이다.**

▶ She is not running.
= She's not running.
= She isn't running.과 같이 축약형을 많이 쓴다.

A 주어진 문장을 지시대로 바꾸어 쓰세요.

1. He is going to the bank. (부정문으로)

➡ _____ .

2. My dad was watching TV. (의문문으로)

➡ _____ ?

Yes, _____ .

3. She is looking for her pencil. (부정문으로)

➡ _____ .

4. They were taking a shower. (의문문으로)

➡ _____ ?

No, _____ .

B 주어진 단어를 이용하여 대답문과 의문문을 완성해 보세요.

1.

(play the piano)

A: Is Mark listening to music?

B: No, _____ . _____ .

2.

(have dinner)

A: _____ ?

B: No, there aren't. They are sitting on the sofa.

의문사가 있는 일반동사의 의문문

Q: **Where do** Koalas come from?
A: Australia.

Q: **What do** they eat?
A: They eat plant.

1 의문사 + do/does + 주어 + 동사원형~?

Who 누가 / Whom 누구를		
What 무엇이, 무엇을, 어떤(무슨) / When 언제	do	주어 + 동사원형 ~?
Where 어디서 / Why 왜	does	
How 어떻게 / Which 어느 것, 어느~		

▶ 의문사를 이용해 궁금한 것을 물어볼 때는 Yes, No로 대답하지 못한다.

You need apples.
➡ **Do** you need apples?
➡ **What do** you need?

Susan studies Korean.
➡ **Does** Susan study Korean?
➡ **When does** Susan study?

2 which와 what의 차이

Which do you like better, an apple or an orange?
➡ I like an apple better.

▶ 두 가지 이상의 정해진 것들 중에서 어느 하나를 선택할 때는 의문사 which를 쓴다.

What do you want to eat?
➡ We want to eat some pizza.

▶ 선택 범위가 정해져 있지 않을 때는 what을 사용한다.

A ( ) 안에 알맞은 의문사를 고르세요.

1. (Who / What) did you buy at the store?
➡ I bought a gift for my mom.

2. (When / Which) do you like better, pizza or spaghetti?
➡ I like spaghetti better.

3. (How / Why / When) does the airplane leave?
➡ It leaves at 6:00.

4. (Why / Where / Who) do you play soccer?
➡ We play soccer at the playground.

5. (What / Why / Which) do you like that movie?
➡ (Because) I like the actress.

6. (When / Where / How) do I get to the City Hall?
➡ Go straight for two blocks.

B 주어진 의문사를 이용하여 의문사가 있는 의문문으로 만드세요.

1.

When + You have lunch.

➡ _____?

At one o'clock.

2.

Why + Kelly studies English.

➡ _____?

Because it's important.

✍ Sentence Completion

▶▶▶ **Choose the one that best completes the sentence.**

1. A: _____ on the phone?

B: No, the man is working on his laptop.

(A) The man is speaking

(B) Is the man speaking

(C) Are the man speaking

(D) Was the man speaking

▶ laptop n. 휴대용 컴퓨터

2. A: _____ do you know that difficult word?

B: I looked it up in the dictionary.

(A) What   (B) When

(C) How   (D) Where

▶ look up 찾아보다

✍ Situational Writing

▶▶▶ **Choose the one that best completes the sentence, based on the picture.**

1.  A man _____.

(A) is riding his bicycle

(B) is not putting the bicycle on the back of the car

(C) is not filling the bicycle tires with air

(D) is holding the bicycle with both hands

▶ lift v. 들어올리다
put the bicycle on 자전거를 ~에 싣다
fill the bicycle tires with the air 자전거 타이어에 바람을 넣다

2.  A: _____ last weekend?

B: I went to the zoo with my family.

(A) What do you do

(B) How could you get there

(C) Why did you go to the zoo

(D) What did you do

Grammar for TEPS

▶▶ Choose the best answer for the blank.

1. When the phone rang, we _____.

(a) are having dinner   (b) had dinner

(c) were having dinner   (d) are eating dinner

▶ ring v. (종, 방울 등이) 울리다, 울다

2. A: When are you _____ for Singapore?

B: Within a week or two, I guess.

(a) leaving   (b) leaves

(c) to leave   (d) left

▶ leave for 떠나다

▶▶ Identify the option that contains an awkward expression or an error in grammar.

3. (a) A: Peter, why you need some money?

(b) B: This Saturday is Mother's Day, so I want to buy her a gift.

(c) A: What date is Mother's Day?

(d) B: It is the second Saturday of May.

✏️ Writing Activity!

A 주어진 그림에 맞는 알맞은 대답을 쓰세요.

1.

Is she swimming in the pool?

➡ _____

2.

Was he playing the flute?

➡ _____

B 주어진 단어들을 이용하여 현재 또는 과거진행 의문문을 만들어 보세요.

1.

(Kathy / surf the Internet)

_____?

Yes, she was.

2.

(she / paint the wall)

_____?

Yes, she is.

C 예시와 같이 주어진 정보를 이용하여 알맞은 의문사로 의문문을 완성하세요.

[예시]

A: *When does the movie start* ?
B: At 9:00. (The movie starts at 9:00)

20

1.

A: _____?

B: At 7 o'clock. (I get up at 7 o'clock.)

2.

A: _____?

B: In Australia. (Kangaroos live in Australia.)

3.

A: _____?

B: It's a boring game.
   (I hate tennis because it's a boring game.)

D 예시와 같이 과거진행형 의문문을 만들고, 대답을 영작하세요.

[예시]

A: *Were they driving the car* _____?
B: No, they weren't. *They were jogging* _____.

(they / drive the car
➡ jog)

1.

A: _____?

B: No, he wasn't. _____.

(Jason / play the violin
➡ the saxophone)

[1-2] 빈칸에 어법상 적절한 것을 고르세요.

1.

> A: Is the woman watching a comedy?
> B: No, she isn't. She _____ a horror film.

① is watching   ② was watching   ③ watching

④ watched   ⑤ were watching

2.

> A: Was Kevin reading comic books?
> B: No, _____. He was studying Maths.

① she was   ② he isn't   ③ he wasn't

④ he was   ⑤ he is reading

3. 밑줄 친 부분의 쓰임이 나머지와 <u>다른</u> 것을 고르세요.

① Laura <u>is still working</u> at the bank.

② He <u>is painting</u> the picture.

③ Lisa <u>is taking</u> a bath now.

④ The women <u>are sitting</u> on the bench.

⑤ They <u>are leaving</u> for Thailand this evening.

4. 빈칸에 들어갈 의문사가 나머지와 <u>다른</u> 것을 고르세요.

① _____ does your father do?

② _____ is your hobby?

③ _____ did you do last night?

④ _____ do you take your school bus?

⑤ _____ does Sunny do in the morning?

[5-6] 주어진 우리말과 같은 뜻이 되도록 빈칸을 채우세요.

5. 너는 축구와 농구 중 어느 것을 더 좋아하니?

➡ _____ do you like _____, soccer _____ basketball?

6. 그들은 무엇을 보고 있니?
그들은 축구 경기를 보고 있어.

➡ _____ are they watching?
They _____ _____ a soccer game.

7. 질문에 대한 가장 알맞은 답을 [보기]에서 하나씩 골라 그 번호를 쓰세요.

| ① Summer | ② A doctor | ③ No, she isn't. |
| ④ At 10:00 | ⑤ Go straight for three blocks. | |

A. What does your father do?

B. Which do you like better, spring or summer?

C. When do you go to bed?

D. How do I get to the post office?

E. Is your mom washing the dishes now?

8. 다음 대화의 빈칸에 알맞은 것을 고르세요.

A: What's Kelly doing?
B: _____

① No, she isn't. She is listening to music.

② I am jogging now.

③ She is washing her car now.

④ She bought some food at the store.

⑤ Yes, she is doing now.

STOP! 반드시 짚고 넘어가자!

1 진행형을 의문문으로 만들 때 언제나 [   ]동사를 문장 맨 앞에 쓰고 물음표(?)를 붙이면 되요.

2 과거는 [   ]와 [   ]를 문장 맨 앞으로 보내기만 하면 되요.

3 진행형의 부정문을 만들 때 be동사의 현재 또는 과거와 관계없이 be동사 바로 뒤에 [   ] 만 붙이면 되요.

4 의문사가 있는 일반동사의 의문문은 [   ] + [   ] + [   ] + [   ] …?으로 만들면 되요.

5 의문사를 이용한 의문문은 특정한 정보를 콕 짚어 물어보기 때문에, [   ]나 [   ] 로 대답할 수 없어요.

주의! 개념을 확실히 모를 때는 한 번 더 복습해야 함.

Daily Assignment Book

Homeroom teacher : _____

공부습관의 최강자가 되라!

1차시 ____월 ____일 ____요일 / **2차시** ____월 ____일 ____요일

Unit	Contents 수업내용	Homework 과제물	Check 숙제검사
1			O X
2			O X
나의 학습 아킬레스건	시험을 통해 드러난 나의 취약 부분은?		O X
	해결 방법은?		O X
		Parent's Signature	

▶ 학생들이 학원에서 공부한 내용입니다. 바쁘시더라도 관심을 갖고 확인해 주십시오.

Chapter **2**
형용사

Unit 1. 형용사
Unit 2. 지시형용사 / 부정 수량형용사

영어에서는 be동사 뒤에 형용사가 오지만 한국어에서는 '아름다운'의 형용사를 '아름답다', '건강하다' 처럼 말하는 거야.
She is **beautiful**.(그녀는 아름답다.)
She is **healthy**.(그녀는 건강하다.)

그녀는 아름다운 이다.
She **beautiful** is. (X)

한국어는 그냥 '많은' 이란 말을 쓰지만 영어에서는 우유처럼 셀 수 없는 명사에는 **much** milk라고 해야 하는 거야.
I drink **much** milk.

나는 여러 개의 우유를 마셔.
I drink **many** milk. (X)

Unit 1 형용사

a girl
(그냥 한 명의 소녀)

a **pretty** girl
(예쁜 소녀)

The girl is **pretty**.
(주어를 구체적으로 설명)

1 명사 수식

1. 명사 앞에서 명사의 구체적인 상태를 설명해 주는 말

She is a **kind** teacher.

This is an **expensive** car.

English is an **important** subject.

He is a **brave** boy.

▶ 명사 앞에서 명사를 꾸밀 때 '관사 + 부사 + 형용사 + 명사'의 순서이다.

2. 명사 뒤에서 꾸며 주는 경우

something **cold**   nothing **special**

▶ –thing, –body, –one 등으로 끝나는 대명사는 반드시 형용사가 뒤에서 꾸며 준다.

2 주어 설명

1. be동사 뒤에서 주어의 구체적인 상태를 설명해 준다.

Your puppy is **cute**.   She is **happy**.

The books are **funny**.   They are **healthy**.

▶ be동사 뒤에서 주어의 상태를 설명할 때 이 형용사의 역할을 '보어'라고 한다.
be동사 뒤에서 단독으로 주어를 설명할 때 관사를 붙이지 않는다.

2. 꾸며 주는 명사가 단수이든 복수이든 형용사의 형태는 같다.

An elephant is a **big** animal.

Elephants are **big** animals.

Sunny is a **beautiful** girl.

My sisters are **beautiful** girls.

▶ 소유격과 함께 쓰일 때는 명사 앞에 a/an을 붙이지 않는다.
my a (X) new watch
my new watch (O)
a new watch (O)

A ( ) 안에 알맞은 것을 고르세요.

1. Ji-Sung Park is a (famous / a famous) soccer player.

2. An elephant is (a big / big).

3. She is (a happy / happy).

4. Ants are (small / a small) insects.

5. This is (an exciting / exciting) film.

B 주어진 형용사를 이용하여 예시와 같이 문장을 완성하세요.

[예시] She is a girl. (healthy) ➡ *She is a healthy girl.*

1.

(slow)
A turtle is an animal.
➡ _____

2.

(hot)
It is coffee.
➡ _____

3.

(diligent)
Lisa is a student.
➡ _____

4.

(white)
This is her dress.
➡ _____

Chap. 2 ● 형용사

지시형용사 / 부정 수량형용사

This car **is** expensive.

These cars **are** expensive.

There is an apple, and there is **some** water.

1 지시형용사

1. 명사 앞에서 명사를 지칭

This house is big.   **That** orange is delicious.

These boxes are heavy.   **Those** children are hungry.

▶ **지시형용사:** '이~, 저~'의 의미로 명사를 꾸며 주는 **형용사 역할**

지시대명사: 이것(들), 저것(들)의 의미로 **대명사 역할**

2. 단수명사 앞 this, that / 복수명사 앞 these, those

This book *is* boring.   **These books** *are* interesting.

That woman *is* my mom.   **Those sweaters** *are* warm.

▶ This / That + 단수명사 + is
These / Those + 복수명사 + are

2 부정 수량형용사

1. 한 명, 두 명 또는 한 개, 두 개 … 이렇게 정확한 수나 양을 모를 때 사용

셀 수 있는 명사에서만 사용	모두 사용	셀 수 없는 명사에서만 사용
many	a lot of (= lots of)	much
a few	some	a little
few	any	little

I bought **some** milk.   She didn't buy **any** books.

She has **a lot of(= lots of)** friends.

There is **little** snow in the street.

▶ 1. some은 긍정문에, any는 부정문과 의문문에 쓴다.

2. a few / a little은 '조금 있는'의 긍정의 의미

3. few / little은 '거의 없는'의 부정의 의미

4. some을 의문문에 사용할 때 상대방에게 권유 또는 부탁을 의미한다.
Would you like **some** coffee?

2. 긍정문에는 many와 much를 잘 쓰지 않고, 대신 a lot of(lots of)를 쓴다. many와 much는 부정문이나 의문문에 주로 쓴다.

Do you have **many** books?   We don't have **much** water.

There *are* **a lot of(= lots of)** apples on the table.

There *is* **a lot of(= lots of)** food on the table.

A This와 That을 복수형으로 고쳐 다시 쓰세요.

1. This box is big. ⇒ _____

2. That movie is exciting ⇒ _____

3. This wolf is an animal. ⇒ _____

4. That child is healthy. ⇒ _____

B ( ) 안에 알맞은 것을 고르세요.

1. I don't have (many / much) books.

2. We don't have (many / much) water.

3. Do you drink (many / much) coffee?

4. There's (little / many) milk in the refrigerator.

5. My mom uses (a few / a little) salt in her food.

6. We have (a lot of / a few) snow in winter.

7. I have (some / any) milk.

8. She doesn't buy (some / any) flowers.

9. Do you read (some / any) books?

10. Would you like (some / any) more coffee? - Yes, please.

C 빈칸에 알맞은 말을 써 넣으세요.

1.

이 얼룩말은 풀을 먹는다.

_____ zebra eats grass.

2.

저 소녀들을 아니?

Do you know _____ girls?

Chap. 2 ● 형용사

29

Sentence Completion

▶▶ Choose the one that best completes the sentence.

1. A: Wilson has only _____ friends.

B: I know. But in Korea he has lots of friends.

(A) a little

(B) little

(C) a few

(D) much

2. A: I bought _____.

B: I don't buy any chocolate.

(A) much chocolate

(B) any chocolate

(C) some chocolate

(D) one chocolate

Situational Writing

▶▶ Choose the one that best completes the sentence, based on the picture.

1.  There _____ water in the pond.

(A) are a little

(B) is any

(C) are those

(D) is a lot of

▶ pond n. 연못

2.  The homeroom teacher _____ because a student didn't do his homework.

(A) are happy

(B) is angry

(C) were angry

(D) is kind

Grammar for TEPS

▶▶▶ **Choose the best answer for the blank.**

1. The student made _____ mistakes in his essay.

(a) few   (b) a little

(c) little   (d) difficult

▶ mistake n. 실수
essay n. 에세이, 수필

2. A: Excuse me. Is there a bank near here?

B: I don't know. I'm _____ here myself.

(a) foreigner   (b) Korean

(c) sad   (d) new

▶ foreigner n. 외국인

3. A: How did you enjoy the film last night?

B: Oh, it was so _____ that I cried for a long time.

(a) excite   (b) boring

(c) sadly   (d) sad

✏️ Writing Activity!

A 주어진 지시형용사 표현을 복수형으로 고쳐 쓰세요.

1.

this leaf ➡ _____

2.

that box ➡ _____

B some과 any 중 알맞은 것을 빈칸에 넣어 문장을 완성하세요.

1.

Susan has _____ money.
do.

2.

I don't have _____ homework to

C 단수형은 복수형으로, 복수형은 단수형으로 고쳐 쓰세요.

1. Do you like these cakes?   ➡ _____

2. Look at that ant.   ➡ _____

3. This pencil is mine.   ➡ _____

4. Those houses are very big.   ➡ _____

5. This computer is not cheap.   ➡ _____

D 주어진 문장의 some을 a few 또는 a little로 바꿔 써 보세요.

1. I need some money. ➡ _____

2. She bought some books. ➡ _____

3. Laura eats some sugar for her health. ➡ _____

4. There are some people in the garden. ➡ _____

E 주어진 문장에서 a lot of를 many 또는 much로 바꿔 다시 쓰세요.

1. Peter doesn't have a lot of problems. ➡ _____

2. We don't have a lot of milk. ➡ _____

3. My mom doesn't use a lot of salt for cooking.

➡ _____

F 그림과 일치하도록 주어진 단어를 이용하여 의문문과 대답을 완성하세요.

[예시] _____*Is there any juice*_____ on the table? (juice)
_*Yes, there is some juice.*_____

1. _____ on the table? (bread)

_____

2. _____ on the table? (apple)

_____

1. 다음 빈칸에 알맞지 <u>않은</u> 것을 고르세요.

> There are many _____ in the basket.

① bananas ② apples ③ peanuts
④ waters ⑤ cakes

2. 다음 중 밑줄 친 형용사의 쓰임이 <u>다른</u> 것을 고르세요.

① An elephant is a <u>big</u> animal.
② I saw an <u>interesting</u> movie last night.
③ I want something <u>cold</u> to drink.
④ This is a <u>beautiful</u> flower.
⑤ It is usually very <u>cold</u> in February.

[3-4] 다음 두 문장의 뜻이 같도록 빈칸에 알맞은 말을 쓰세요.

3. He has a lot of money.

= He has _____ money.

4. There are a lot of people in the park.

= There are _____ people in the park.

5. 다음 빈칸에 들어갈 알맞은 말을 고르세요.

> Look! It's snowing.
> There is _____ snow.

① a lot of ② a few ③ few
④ lot ⑤ a lot

6. 밑줄 친 부분과 바꾸어 쓸 수 있는 것을 고르세요.

> I have <u>lots of</u> American friends.

① some   ② any   ③ many

④ a little   ⑤ much

[7-8] 그림에 맞도록 보기에서 알맞은 형용사를 골라 쓰세요.

> [보기]   hungry   thirsty   cold   famous

7.

She is very _____.

8.

The boy is very _____.

9. 주어진 낱말들을 알맞게 배열하여 올바른 문장을 만드세요.

This is (picture / nice / a). ➡ _____

10. 주어진 문장을 읽고 빈칸에 들어갈 말로 바르게 짝지어진 것을 고르세요.

> Mom, I want _____ brownies.
> Do you have _____?

① some - any   ② some - some   ③ any - some

④ any - any   ⑤ much - a lot of

STOP! 반드시 짚고 넘어가자!

1 명사 바로 앞에 놓여 명사를 지칭해 주는 말을 지시형용사라고 해요. this와 that 뒤에는 [   ] 명사를 쓰고, these와 those 뒤에는 [   ] 명사를 써요.

2 형용사는 명사의 [   ] 에 써서 명사를 구체적으로 설명하고, 주어를 구체적으로 설명할 때에 형용사는 [   ] 동사 뒤에 위치해요.

3 some은 [   ] 에 쓰고, 셀 수 있는 명사와 셀 수 없는 명사 앞에 모두 쓸 수 있어요. any 는 [   ], [   ] 에 쓰고 셀 수 있는 명사와 셀 수 없는 명사 앞에 모두 써요.

4 many는 [   ] 명사 앞, much는 [   ] 명사 앞에 써서 부정문이나 의문문에 주고 쓰고, 긍정문에는 대신 [   ] 와 [   ] 를 많이 써요.

5 a few와 few는 [   ] 명사 앞에 쓰고, a little과 little은 [   ] 명사 앞에 써요. a가 있으면 그 수와 양이 '약간 있다'는 [   ] 의 의미이고, a가 없으면 '거의 없다'는 [   ] 의 의미를 가져요.

주의! 개념을 확실히 모를 때는 한 번 더 복습해야 함.

Daily Assignment Book

Homeroom teacher : _____

공부습관의 최강자가 되라!

1차시 ____월 ____일 ____요일 / **2차시** ____월 ____일 ____요일

Unit	Contents 수업내용	Homework 과제물	Check 숙제검사	
1			O	X
2			O	X
나의 학습 아킬레스건	시험을 통해 드러난 나의 취약 부분은?		O	X
	해결 방법은?		O	X

▶ 학생들이 학원에서 공부한 내용입니다. 바쁘시더라도 관심을 갖고 확인해 주십시오.

Parent's Signature

Chapter 3
시제 /
every & all

Unit 1. 과거와 과거진행형
Unit 2. every / all

샤워하고 있는 중이었는데
휴대전화가 울리는 중이었어.
While I was **taking shower**, the
cell phone was **ringing**. (X)

과거에 이미 먼저 진행되고 있었던
동작은 과거진행(was, were +
-ing)을 쓰고, 나중에 짧게 끼어든
동작은 과거를 써야 하는 거야.
While I was **talking shower**,
the cell phone **rang**.

'어제 비가 하루 종일
내렸다.' 라고 말해야 하는
거야. 또 '하루 종일' 은
all day로 쓰는 거야.
Yesterday it rained **all day**.

어제 매일 비가 내렸다.
Yesterday it rained **every
day**. (X)

Unit 1 과거와 과거진행형

We **were studying** English. (이미 이전에 공부를 하고 있었음)

The cell phone **rang**. (공부하는 중간에 전화가 옴)

➡ When the cell phone **rang**, we **were studying** English.

휴대전화가 울릴 때, 우리는 영어 공부를 하고 있었다.

1 과거시제

1. 과거에 이미 일어난 일, 이미 과거에 끝난 행위를 나타냄

Wilson **went** to Singapore in 1999.

2. 역사적 사실은 항상 과거시제로 쓴다.

Albert Einstein **won** the Nobel Prize for science in 1921.

▶ 과거시제는 과거의 특정시간을 나타내는 부사와 함께 자주 쓴다. yesterday, last week, in 1998, ago 등

▶ 과거는 과거에 일어난 사건 또는 행위가 중요한 표현이므로 현재와는 아무런 관련이 없다.

역사적인 인물 및 사실은 언제나 과거시제로 표현한다.

2 과거진행

과거 어느 특정한 시간에 어떤 행위가 진행되고 있었음을 나타냄

Karen was at home. She **was watching** TV.

Kathy **was walking** in the park.

3 과거와 과거진행형을 함께 사용하는 경우

과거 긴 시간동안 앞서 진행 중이었던 순간이나 행동은 과거진행형으로 쓰고, 다른 일이 도중에 끼어들어 짧은 시간 동안 행해진 일은 과거시제를 쓴다.

When I **was driving** down the hill, I **saw** a strange woman.

- I **was driving** down the hill. (longer action)

- I **saw** a strange woman. (shorter action)

While she **was running**, something **hit** her and she fell down.

As she **was waiting** for her daughter, it **began** to rain.

▶ 2개의 동작을 묘사할 때 이전에 먼저 진행중이었던 동작을 과거진행형으로, 나중에 짧게 일어나 도중에 끼어든 동작을 과거시제로 쓴다.

바로 확인해 보자!

A 주어진 동사를 과거시제로 고쳐 쓰세요.

1.

Paul and Susan _____(walk) to the library yesterday.

2.

Lisa _____(listen) to music yesterday.

B 주어진 문장의 주어를 알맞은 대명사로 바꾸고, 과거진행형으로 고쳐 써 보세요.

1. John played table tennis with Jane.

➡ _____

2. Kelly and I watched a horror film.

➡ _____

3. Paul and Sunny waited for a bus.

➡ _____

C ( ) 속에 알맞은 시제를 고르세요.

1. Christina (watched / was watching) TV when her mother came in.

2. When the light (was going / went) out, Jessica was studying Korean.

3. We (were having / had) dinner when our dad knocked on the door.

4. Were you driving your car when the accident (happened / was happening)?

5. It began to rain while Bob and I (walked / were walking) to school this morning.

Chap. 3 ● 시제 / every & all

Unit 2

every / all

All the students **are** standing.
Every girl **is** smiling.
Every girl **is** a student.
Every girl **has** a schoolbag.
All the girls **have** schoolbags.

---

1 every + 단수명사 + 단수동사를 쓰고 '모든 ~의' 뜻

Every student **was** happy.
Every winter we have heavy snow.
Every house on the street **is** the same.

▶ every와 all은 둘 다 '모든 ~'의 같은 뜻을 가진다.
every는 단수명사가 따라와서 단수주어 취급하여 be동사는 is(was)를 쓰고, 일반동사 현재일 경우 단수형을 써야 한다.

2 all + 복수명사 + 복수동사를 쓰고 '모든 ~의' 뜻

All the horses **are** fast.
All the people **are** sitting.
All the girls **are** wearing hats.

▶ **all**은 복수명사가 따라와서 복수주어 취급하므로 be동사는 are (were)를 쓰고 일반동사는 동사원형을 써야 한다.

3 every day는 월, 화, 수, 목, 금, 토, 일요일처럼 '매일'을 의미

It rained **every day** last week.
My dad watches TV **every evening**.
cf. every morning / every night / every summer

▶ All 뒤에 불특정 명사가 오면 of를 쓰지 않고, 특정한 명사가 오면 of를 쓰기도 한다. (특정 명사란 the, this, that, these, those, my, your, her 등으로 특정 짓는 명사이다.)
All students like to play computer games.
All of the students listened to music.
하지만 특정 명사와 함께 쓰여도 of를 생략해서 쓸 수 있다.

4 all day는 하루의 시작과 끝을 연결하는 '하루 종일'을 의미

Yesterday it rained **all day**.
On Sunday, we watched TV **all evening**.
cf. all morning / all night / all summer

A ( ) 안에서 알맞은 것을 고르세요.

1. (Every / All) the students study Korean.

2. (Every / All) student studies Korean.

3. (Every / All) country has a national flag.

4. (Every / All) countries have a national flag.

5. We play soccer (every / all) Saturday.

6. They see (every / all) TV show.

7. All (the boys / boy) play basketball after school.

8. Every (student / students) passed the exam.

9. Every (room / rooms) has a balcony.

10. All (mother / mothers) love their children.

B 빈칸에 알맞은 동사의 형태를 쓰세요.

1. Every student _____(work) hard.

2. All the people _____(need) friends.

3. All flowers in the garden _____(be) beautiful.

4. Every child _____(want) some money.

5. Every book on the desk _____(be) mine.

6. All teachers at my school _____(give) tests regularly.

7. Every teacher at my school _____(give) tests regularly.

8. All women in my country _____(know) that mystery.

Sentence Completion

▶▶▶ **Choose the one that best completes the sentence.**

1. A: _____ the thunder last night?

B: No, I didn't. I didn't hear anything all night.

(A) Do you hear   (B) Were you hearing

(C) Did you hear   (D) Are you hearing

▶ thunder n. 천둥소리

2. A: Where were you going when I _____ you yesterday?

B: I was going to the library.

(A) see   (B) sees

(C) seeing   (D) saw

 ## Situational Writing

▶▶▶ **Choose the one that best completes the sentence, based on the picture.**

1. All of the _____ in this class _____ studying Japanese.

(A) person - are

(B) students - are

(C) student - is

(D) people - is

2.  While Sunny _____ last night, the alarm clock rang.

    (A) sleeps

    (B) sleeping

    (C) is sleeping

    (D) was sleeping

▶ alarm clock 자명종

Grammar for TEPS

▶▶▶ **Choose the best answer for the blank.**

1. I _____ dinner when the neighbors came over.

    (a) had   (b) was having

    (c) have   (d) have had

▶ neighbor n. 이웃
come over 찾아오다

2. _____ all of the people in the world enjoy dancing?

    (a) Did   (b) Does

    (c) Do   (d) Were

3. A: What were you doing when I knocked on the door?

    B: I _____ on the phone.

    (a) talked   (b) talking

    (c) were talking   (d) was talking

▶ knock v. (문을) 두드리다

✎ Writing Activity!

A 예시와 같이 What + 과거진행형 의문문을 완성하고, 주어진 말을 이용하여 대답문을 쓰세요.

[예시]

(Kelly / listen / to music)

Q: *What was Kelly doing* ?

A: *She was listening to music* .

1.

(Peter / walk / on the beach)

Q: _____ ?

A: _____ .

2.

(Lisa / play / the drum)

Q: _____ ?

A: _____ .

3.

(Karen and Mary / jog)

Q: _____ ?

A: _____ .

B 주어진 동사를 알맞은 과거 또는 과거진행형으로 고쳐 쓰세요.

1. While Susan _____(play) soccer, she _____(break) her glasses.

2. My mom _____(brush) her teeth when I _____(arrive) at home.

3. Tom _____(sleep) when the telephone _____(ring).

4. Kathy _____(wait) for a bus when it _____(begin) to rain.

C every를 사용하여 주어진 문장을 다시 영작하세요.

1. All students learn Spanish. ➡ _____

2. All the women speak excellent English. ➡ _____

3. All the turtles are slow. ➡ _____

4. All plants grow well in the garden. ➡ _____

D every day와 all day 중 알맞은 것을 쓰세요.

1. Yesterday it snowed _____.

2. My mom was sick yesterday, so she stayed in bed _____.

3. He drinks about four cups of milk _____.

4. Last year we went to the Jeju Island for a week, and it rained _____.

E 주어진 표현을 이용하여 두 문장을 완전한 문장으로 영작하세요.

1. It rains.
We go out.
➡ _____ when _____.

2. I walks in the street.
I get a phone call from my best friend.
➡ While _____,
_____.

Chap.3 • 시제 / every & all

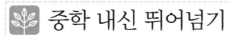

1. 밑줄 친 부분 중 어법상 <u>틀린</u> 것을 고르세요.

A: I ① <u>went</u> to the concert last week. How about you?
B: I ② <u>had</u> a wonderful time with my dad. We ③ <u>played</u> baseball in the park.
A: ④ <u>Was</u> your brother there too?
B: No, he ⑤ <u>goes</u> to the movies with his friends.

2. 빈칸에 들어갈 알맞은 것을 고르세요.

_____ student at my school has a mobile phone.

① Every   ② All   ③ These   ④ All of   ⑤ Some

3. 주어진 대화의 빈칸에 알맞은 것을 고르세요.

A: Was John sleeping at 9:00 last night?
B: No, he wasn't. He _____ the Net.

① is surfing   ② are surfing   ③ were surfing   ④ was surfing   ⑤ am surfing

[4-5] 주어진 단어를 배열하여 완전한 문장으로 완성하세요.

[예시] Brian / drive / see / he / an old friend / to the hospital / be
➡ While _Brian was driving to the hospital_ , _he saw an old friend_ .

4. Bill / dinner / the cell phone / have / ring / be
➡ While _____ , _____ .

5. Robert / watch / TV / arrive / his friends / be
➡ _____ when _____ .

6. 다음 문장 중 어법상 <u>어색한</u> 것을 고르세요.

① All animals need oxygen like human beings.

② We studied hard every day.

③ Every person have a problem.

④ I get up at seven every morning.

⑤ All the people are wearing hats.

[7-8] 다음 글을 읽고 물음에 답하세요.

> I was going to school when suddenly I ⓐ <u>was seeing</u> the bus and started running to the bus stop. While I _____ (A) _____ (run), something _____ (B) _____ (hit) me very hard and I fell down. It was my friend Bob on his bicycle!

7. 빈칸 (A)와 (B)에 들어갈 말로 바르게 짝지어진 것을 고르세요.

① ran - was hitting   ② running - hitting

③ am running - is hitting   ④ ran - hit

⑤ was running - hit

8. ⓐ<u>was seeing</u>을 문맥에 맞게 고칠 때 알맞은 것을 고르세요.

① were seeing   ② saw

③ see   ④ was seeing

⑤ am seeing

9. 다음 문장 중 어법상 알맞은 것을 고르세요.

① All children likes listening to music.

② Every woman are smiling.

③ It was beginning to rain while Karen and I walked to school this morning.

④ All of the books on this desk is mine.

⑤ Every city in Sweden has a good transportation system.

STOP! 반드시 짚고 넘어가자!

1 과거의 두 가지 동작에서 그 이전에 먼저 진행되고 있었던 동작은 [   ]으로 쓰고, 나중에 짧게 일어나 도중에 끼어드는 동작은 [   ]를 써야 해요.

2 every는 뒤에 [   ]명사를 쓰고, all은 [   ]명사와 함께 써요.

3 every가 있는 주어는 반드시 [   ]동사를 쓰고, all이 있는 주어는 반드시 [   ]동사를 써야 해요.

주의! 개념을 확실히 모를 때는 한 번 더 복습해야 함.

Daily Assignment Book

Homeroom teacher : _____

공부습관의 최강자가 되라!

1차시 _____월 _____일 _____요일 / 2차시 _____월 _____일 _____요일

Unit	Contents 수업내용	Homework 과제물	Check 숙제검사
1			O X
2			O X
나의 학습 아킬레스건	시험을 통해 드러난 나의 취약 부분은?		O X
	해결 방법은?		O X

▶ 학생들이 학원에서 공부한 내용입니다. 바쁘시더라도 관심을 갖고 확인해 주십시오.

Parent's Signature

[1-4] 주어진 단어를 이용하여 그림과 일치하도록 대답문을 완성해 보세요.

1.

(watch / TV)

Is she having dinner?

No, _____ . _____ .

2.

(paint / the wall)

Were they walking at the park?

No, _____ . _____ .

3.

(play / the flute)

Is she playing the guitar?

No, _____ . _____ .

4.

(a white dress)

Is the bride wearing a black dress?

No, _____ . _____ .

[5-6] 주어진 지시형용사를 복수형으로 고쳐 다시 쓰세요.

5.

This apple is mine.

➡ _____

6.

That box is very heavy.

➡ _____

[7-10] 어법상 알맞은 것을 고르세요.

7. I looked around for toilet paper, but there wasn't (some / any).

8. There are (some / any) letters for you.

9. I don't put (many / much) sugar in my coffee.

10. Karen has been here only three weeks, but she has already made (a little / a few) friends.

[11-12] 주어진 문장에서 a lot of를 many 또는 much로 바꿔 다시 쓰세요.

11. We don't have a lot of money.

   ➡ _____

12. There aren't a lot of books on the table.

   ➡ _____

13. 예시와 같이 주어진 표현을 이용하여 과거진행과 과거시제로 문장을 완성하세요.

> [예시] It rains. / They go out.
>
> ➡ _It was raining_ when _they went out_ .

We have dinner.
He arrives at home.
➡ We _____

   when _____ .

[14-16] 빈칸에 알맞은 것을 고르세요.

14. All the students _____ Korean.

   ① studies   ② study

15. Every _____ has a national flag.

① countries   ② country

16. Every woman _____ excellent English.

① speaks   ② speak

[17-18] 주어진 형용사를 이용하여 예시와 같이 문장을 완성하세요.

> [예시] She is a student. (smart) ➡ *She is a smart student.*
>   ➡ *She is smart.*

17. Susan is a librarian. (kind)

➡ _____

➡ _____

18. A penguin is an animal. (funny)

➡ _____

➡ _____

[19-20] 예시와 같이 주어진 정보를 이용하여 알맞은 의문사로 의문문을 완성하세요.

> [예시] A: *Where do you go every day?*
>   B: To the zoo. (I go to the zoo every day.)

19. A: _____

B: At the cafeteria. (Jane eats lunch at the cafeteria every day.)

20. A: _____

B: At 7:30. (We usually eat breakfast at 7:30.)

Chapter 4
미래시제 / 부사

Unit 1. will / be going to
Unit 2. 부사 / 빈도부사

어제 나는 음악을 들을 예정이야.
I **am going to listen** to music **yesterday**. (X)

한국어와 영어 모두 이미 결정하거나 결심한 일에는 '~할 거야, ~할 예정이야'를 써. 근데 앞으로의 일이기 때문에 과거와는 쓸 수 없고 미래를 나타내는 표현과 함께 써야 하는 거야.
I **am going to listen** to music **tonight**.

한국어에서 '느린, 아름다운'이란 말은 형용사이고 부사는 느리게(slowly), 아름답게(beautifully)처럼 '~하게'라는 말이 부사야. 영어는 보통 형용사에 -ly를 붙여 만들지.
The turtle walks **slowly**.

거북이는 느린 걷는다.
The turtle walks **slow**. (X)

will / be going to

I like these shoes. I **will buy** them.

Karen and Sunny **are going to eat** the apples.

1 will

1. 평서문 : will + 동사원형

He **will make** a cake.　　They **will go** to the park.

2. 부정문 : will not(= won't) + 동사원형

She **won't go** out this evening.

I **won't wait** for my girlfriend.

3. 의문문과 대답 : Will + 주어 + 동사원형~?

Will you study Korean?　　긍정: Yes, I **will**.

부정: No, I **won't**.

▶ will의 쓰임

1. will은 우리말 '~할 것이다, ~일 것이다' 의 의미로 **미래의 일을 예측하거나 추측할 경우에 사용한다.**

2. 우리말 '~하겠다' 의 의미로 **주어에 대한 의지나 의도를 나타낸다.**

▶ will과 be going to는 미래에 대한 일을 예상하며 말할 때 구별 없이 쓴다.

2 be going to

1. 긍정문 : be going to + 동사원형

We **are going to travel** to Singapore this summer.

Look at the sky! It **is going to rain**.

2. 부정문 : be동사 뒤에 not만 붙임

Kelly **is not going to study** abroad.

They **are not going to watch** TV tonight.

3. 의문문과 대답 : be동사를 문장 맨 앞에 쓰고 물음표(?) 붙임

Is she going to read a book tonight?　　긍정: Yes, **she is**.

부정: No, **she isn't**.

▶ 이미 이전에 결심했거나 결정했던 일 또는 이미 예정되어 있는 일정을 말할 때는 will을 쓰지 않고 be going to를 쓴다.

Q: What **are** you **going** to do tonight? 오늘 밤에 무엇을 할 거니?

A: I'm **going to watch** a movie. 영화를 볼 거야.

▶ 말하는 사람의 마음과 관계없이 뻔히 일어날 상황을 말할 때에도 be going to를 쓴다.

Look at the black clouds. It **is going to rain**.

A ( ) 안에 알맞은 것을 고르세요.

1. It will (rain / rains) tomorrow.

2. She (not / won't) tell you the secret.

3. (Will / Are) they going to go to the park?

4. My daddy is going to (sells / sell) his car.

5. We will (visit / visits) the museum tomorrow.

B 주어진 문장을 부정문과 의문문으로 바꾸고 대답도 쓰세요.

1. Kevin is going to paint his house.

부정문: _____ .

의문문: _____ ? Yes, _____ .

2. We are going to travel to Europe this winter.

부정문: _____ .

의문문: _____ ? No, _____ .

3. She will go to the movie theater.

부정문: _____ .

의문문: _____ ? Yes, _____ .

4. He will answer the phone.

부정문: _____ .

의문문: _____ ? No, _____ .

5. Peter is going to wash his car.

부정문: _____ .

의문문: _____ ? Yes, _____ .

부사 / 빈도부사

She is **really** beautiful.　　She lives **happily**.

　　└─────┘↑　　　　　　　　└↑─────┘

　形容詞 beautiful 修飾　　　動詞 live 修飾

---

1 부사의 역할: 다른 말을 수식해 의미를 보다 풍부하게 만들어 준다.

1. 형용사, 동사, 다른 부사 수식

Our teacher is **very** angry.

We study English **hard**.　　　They get up **early**.

The train goes **very** fast.

The cheetah runs **extremely** fast.

2. 문장 전체 수식

Unfortunately, she fell in love with the ugly man.

Sadly, the ugly man doesn't love her.

2 빈도부사

always 항상, 100% usually 대개 often 자주 sometimes 때때로
seldom(= rarely, hardly) 거의 ~하지 않는 never 한 번도 ~아닌, 0%

1. 빈도부사의 위치 : 조동사·be동사 뒤, 일반동사 앞

She is **always** late for school.

John **often** jogs in the morning.

They will **always** study Korean.

2. 의문문에서 빈도부사는 항상 주어 뒤, 부정문은 부정 동사 앞에 쓴다.

We **sometimes** don't do our homework.

Tom doesn't **always** read comic books.

Does she **often** drink much water?

▶ 부사는 보통 형용사에 –ly를 붙여 만든다.

slow ➡ slowly 느리게
quick ➡ quickly 빠르게
kind ➡ kindly 친절하게
angry ➡ angrily 화나게
safe ➡ safely 안전하게

▶ 형용사와 형태가 같은 부사들

hard 형 힘든, 어려운
hard 부 열심히
fast 형 빠른
fast 부 빠르게
early 형 이른
early 부 일찍, 이르게
late 형 늦은
late 부 늦게
high 형 높은
high 부 높게

▶ 형용사와 부사의 형태가 전혀 다른 것들

good 형 좋은
well 부 잘

▶ seldom, rarely, hardly, never 는 자체가 부정의 의미이므로 부정문과 함께 쓰지 않는다.

Kathy **seldom** drinks coffee.

▶ 부정문에서 always만 부정 동사 뒤에 쓴다.

A 주어진 부사의 형용사 형태를 쓰세요.

1. well ➡ _____
2. late ➡ _____
3. hard ➡ _____
4. high ➡ _____
5. early ➡ _____
6. happily ➡ _____
7. angrily ➡ _____
8. fast ➡ _____

B ( ) 안에 알맞은 형용사 또는 부사를 고르세요.

1. Korean is (real / really) interesting.

2. Mary is sometimes (late / lately) for school.

3. The horse can run very (fast / fastly).

4. She is a very (kind / kindly) doctor.

5. The girl can speak English (good / well).

C 주어진 빈도부사를 넣어 문장을 다시 써 보세요.

1. My mom gets up early. (always)

➡ _____

2. We have breakfast. (usually)

➡ _____

3. Kevin is late for school. (sometimes)

➡ _____

4. Jason isn't late for school. (always)

➡ _____

5. Is she happy? (always)

➡ _____

6. Do you keep in touch with Bob. (often)

➡ _____

Sentence Completion

▶▶ Choose the one that best completes the sentence.

1. A: What kind of person is Jane?

   B: She is _____ .

   (A) careful a person

   (B) a careful person

   (C) person a careful

   (D) person careful a

▶ careful a. 꼼꼼한, 조심스러운

2. A: What are you going to do tonight?

   B: I _____ TV.

   (A) am going to watch

   (B) will watch

   (C) watch

   (D) watched

Situational Writing

▶▶ Choose the one that best completes the sentence, based on the picture.

1.  The boy _____ .

   (A) always wears a hat

   (B) always wears glasses

   (C) wears always a hat

   (D) wears always glasses

58

2.  The students _____ eat lunch soon.

(A) is going to

(B) will be

(C) having

(D) are going to

✍ Grammar for TEPS

▶▶▶ **Choose the best answer for the blank.**

1. A: Is Kathy going to play the piano next Saturday?

B: No, she isn't. She _____ the zoo.

(a) will go to

(b) won't visit

(c) went to

(d) is going to visit

2. It is raining _____.

(a) hard   (b) hardly

(c) more hard   (d) more hardly

3. The ice cream melted _____.

(a) fastly   (b) very fastly

(c) quick   (d) fast

✍ Writing Activity!

A 주어진 상황에 맞게 be going to를 사용하여 문장을 완성하세요.

1.

(play / soccer)

Q: What are they going to do this Saturday?

A: _____

2.

(watch / TV)

Q: Do you have any plan for tonight?

A: _____

3.

(read / some books)

Q: What is Tom going to do this Sunday?

A: _____

B 주어진 단어를 알맞은 어순에 맞게 다시 쓰세요.

1. She sings a song in the morning. (always)

➡ _____

2. He has a computer. (new)

➡ _____

3. Wilson is in the library on Sunday. (often)

➡ _____

4. Emily dances well. (very)

➡ _____

1.

(take / a jumper / with me)
It's very cold.

_____

2.

(eat / this cake)
I'm very hungry.

_____

3.

(go / to bed / early)
I'm very tired. _____

4.

(buy / it)
It's beautiful! _____

D 주어진 그림과 일치하도록 의문문과 대답문을 완성하세요.

1.

(she / play / tennis / tomorrow)

Is _____?
- Yes, _____.

2.

(Bob / meet / his friends / next Monday / listen to music)

Is _____?
- No, he isn't. _____.

1. 다음 중 always가 들어갈 위치로 알맞은 것을 고르세요.

A: What time ① do ② you ③ go ④ to ⑤ bed?
B: Hmm... I usually stay up till 12:30 or 1:00. And I get up at 6:30 or 7:00.

[2-3] 지시에 따라 문장을 바꾸세요.

2. Jason will sell his car. (의문문)

➡ _____ his car?

3. Korea is going to win the next World Cup. (부정문)

➡ _____ .

[4-7] 주어진 표현을 이용하여 다음 예시와 같이 문장을 만드세요.

[예시] Karen is very thirsty. (drink some water)
➡ *She is going to drink some water.*

4. I'm very hungry. (eat an apple)

➡ _____

5. Kelly's hands are very dirty. (wash her hands)

➡ _____

6. My daddy's tooth hurts. (see a dentist)

➡ _____

7. They're very tired and sleepy. (go to bed early)

➡ _____

8. 다음 빈칸에 알맞지 <u>않은</u> 것을 고르세요.

> The man is going to fly to London _____ .

① next week   ② tomorrow   ③ last summer

④ in two hours   ⑤ this summer

9. 다음 빈칸에 들어갈 말이 순서대로 바르게 짝지어진 것을 고르세요.

> Lisa _____ get up early, so she is _____ late for school.

① always - always   ② often - sometimes   ③ hardly - never

④ usually - always   ⑤ always - never

[10-14] 다음 주어진 표를 참고하여 빈도부사를 이용한 문장을 영작하세요.

	drink coffee	go shopping	watch TV	surf the Internet	late for school
always				√	
usually			√		
often					√
sometimes		√			
rarely	√				

10. Kevin _____ .

11. He _____ .

12. He _____ .

13. He _____ .

14. He _____ .

STOP! 반드시 짚고 넘어가자!

1 앞으로 예상되는 일을 예상하거나 추측할 때 [   ]과 [   ]를 둘 다 쓸 수 있어요.

2 단, 이미 하기로 예정된 계획이나 결심(일정)은 [   ]를 써야 해요.

3 will과 be going to의 부정문은 will 뒤에 그리고 be동사 뒤에 [   ]을 붙여 만들어요.

4 빈도부사는 문장에서의 위치가 중요해요. 위치는 일반동사 [   ], 그리고 be동사와 조동사는 [   ]에 써요.

주의! 개념을 확실히 모를 때는 한 번 더 복습해야 함.

Daily Assignment Book

Homeroom teacher : _____

공부습관의 최강자가 되라!

1차시 _____ 월 _____ 일 _____ 요일 / **2차시** _____ 월 _____ 일 _____ 요일

Unit	Contents 수업내용	Homework 과제물	Check 숙제검사
1			O X
2			O X
나의 학습 아킬레스건	시험을 통해 드러난 나의 취약 부분은?		O X
	해결 방법은?		O X

▶ 학생들이 학원에서 공부한 내용입니다. 바쁘시더라도 관심을 갖고 확인해 주십시오.

Parent's Signature	

거기에 책상 위에 책이 있다. (X)
There is a book on the desk.

'~가 있다, 존재하다' 라는 말을 할 때 **there**는 '거기에' 라고 하지 않는 거야. '책상 위에 책이 있다.' 라고만 하는 거야.

상대방에게 '~해라' 라고 명령하는 말은 주어 You를 쓰지 않고 동사원형부터 시작해서 명령하는 거야.
Be quiet in the classroom.

너는 조용히 해라 교실에서!
You are quiet in the classroom. (X)

there be 구문

There **is** a table.

There **are** two cups on the table.

There **is** a spoon.

There **isn't** a glass of water.

1 There is + 단수명사 / There are + 복수명사

There **is** an apple on the table.
There **are** apples on the table.

▶ be동사 뒤에 있는 명사가 '있다 또는 존재한다'를 강조하기 위해 There를 문장 맨 앞에 씀. **there be**는 '~가 있다'의 뜻으로 there를 '거기에'라고 해석하지 않는다.

2 과거는 was와 were을 쓴다.

There is (**was**) a chair.   There are (**were**) a lot of chairs.
There is (**was**) a lot of snow on the roof.

▶ be동사 뒤에 있는 명사에 따라 be동사의 단수, 복수가 결정된다. 셀 수 없는 명사는 그 양이 아무리 많아도 단수 취급하여 There is를 써야 한다.

3 부정문은 be동사 뒤에 'not'만 붙이면 된다.

There **aren't** many books in this library.
There **isn't** much money in my pocket.

4 의문문 만들기

1. be동사를 문장 맨 앞에 쓰고 물음표(?)를 붙인다.
　Is there a bank in the town? **Are there** any trees?

2. 대답은 긍정일 때 Yes, there be. 부정일 때는 No, there be + not.
　Is there a girl in the library?
　긍정일 때 : Yes, **there is.**　　부정일 때 : No, **there isn't.**

　Are there two chairs in the kitchen?
　긍정일 때 : Yes, **there are.**　　부정일 때 : No, **there aren't.**

A ( ) 안에 알맞은 것을 고르세요.

1. There (is / are) a computer in the room.

2. There (is / are) two cars in the garage.

3. (Is / Are) there four students in the classroom?

4. (Is / Are) there a glass of water on the table?

5. There are (some picture / some pictures) on the wall.

6. There is (a window / two windows) in this room.

7. There (is / are) some milk in the refrigerator.

8. There aren't any old (building / buildings).

B 그림과 일치하도록 알맞은 의문문과 대답을 쓰세요.

1.    Q: _____ any milk in the glass?

A: _____ , _____ .

2.   Q: _____ four students in this picture?

A: _____ , _____ .

C 주어진 문장을 부정문으로 고쳐 다시 쓰세요.

1. There is a big tree in the yard.

➡ _____

2. There are a lot of accidents on this road.

➡ _____

3. There is a snake on the grass.

➡ _____

Chap. 5 ● 문장의 종류

67

명령문과 제안문

Keep your hands together above your head.

Do your homework.

1 명령문 : 우리말 '～해라'처럼 명령, 또는 지시하는 문장

1. 문장 앞에 동사원형 또는 Be로 시작한다.

Be quiet. **Be** careful. **Open** the door. **Study** hard.

2. 명령문, and ~ / 명령문, or ~

Walk down this street, **and** you will find the post office.
Hurry up, or you will miss the train.

▶ 명령문은 주어(you)를 생략하고 동사원형으로 시작한다.

▶ be동사의 원형은 be이다.

▶ **명령문 + and**는 '～해라, 그러면 ～할 것이다'의 뜻
명령문 + or는 '～해라, 그러지 않으면 ～할 것이다'의 뜻
위 두 표현 모두 일상영어에서는 약간 권위적이고 딱딱한 표현으로 if절을 쓰는 것이 더 자연스럽다.
If you walk down this street, you'll find the post office.

2 부정명령문 : Don't + 동사원형 '～하지 마라'

Don't smoke here. **Don't speak** loudly.
Don't waste your time. **Don't be** late for school.

▶ 강한 부정은 Never를 쓰기도 한다.
Never lose weight. 절대 살을 빼지 마라!

3 제안문

1. Let's + 동사원형 ~ : '(우리 함께) ~하자'의 뜻

It's cold. **Let's close** the window.
Let's go to the movie theater.
Let's order pizza for dinner.

2. Let's의 부정은 'Let's + not + 동사원형' : '~하지 말자'의 뜻

Let's not take a taxi. **Let's not** go out tonight.
Let's not skip breakfast.
Let's not eat chocolate too much.

▶ **Let's 제안문에 대한 대답**
긍정일 때: Yes, let's. / Okay. / Sounds great! / That's good idea.
부정일 때: No, let's not / I'm sorry, but I can't. 등이 있다.

▶ 명령문에 대한 대답은 주로 Sure. / No problem. / Okay. / Yes. 등이 있다.

A ( ) 안에 알맞은 것을 고르세요.

1. (Are / Be) careful!   **2.** (Opens / Open) the door.

3. (Puts / Put) your coat.   **4.** (Be / Close) the window.

5. (Be / Do) your best.   **6.** (Be / Do) kind to everyone.

B 주어진 문장을 ( ) 안의 지시대로 바꾸세요.

1. We go to the park. (부정 제안문)

➡ _____

2. You do your homework. (명령문)

➡ _____

3. You are late for school. (부정 명령문)

➡ _____

4. We go to the movie theater. (제안문)

➡ _____

5. You brush your teeth after dinner. (명령문)

➡ _____

6. We will buy the car. (부정 제안문)

➡ _____

C ( ) 안에 알맞은 것을 고르세요.

1. Hurry up, (and / or) you will miss the school bus.

2. Be quiet, (and / or) our teacher will be angry.

3. Study hard, (and / or) you'll enter the University.

4. Work hard, (and / or) you will succeed.

5. Be nice to others, (and / or) you will make many friends.

Sentence Completion

▶▶▶ **Choose the one that best completes the sentence.**

1. Be quiet! _____ wake up your brother. He stays up late every night to do his homework.

(A) Let's   (B) Don't

(C) Be   (D) Let's don't

▶ stay up 자지 않고 있다

2. A: _____ in the city?

B: No, there aren't but there is an art gallery.

(A) There are two museums

(B) Is there two museums

(C) Are there two museums

(D) Was there two museums

▶ museum n. 박물관
art gallery 미술관

Situational Writing

▶▶▶ **Choose the one that best completes the sentence, based on the picture.**

1.

_____ in the restaurant.

(A) There is a woman

(B) Are there a woman

(C) There are a lot of books

(D) There are three women

2.

There _____.

(A) is a big hotel near the lake

(B) are many people under the tree

(C) is a lot of snow on the ground

(D) is a lot of water in the lake

Grammar for TEPS

▶▶▶ **Choose the best answer for the blank.**

1. _____ tonight. We have to finish our homework by tomorrow.

(a) Go out

(b) Let's go out

(c) Let's go not

(d) Let's not go

2. A: It's very cold. We can't swim today.

B: _____ to the beach.

(a) Don't go

(b) Go

(c) Be not go

(d) Let's not go

▶▶▶ **Identify the option that contains an awkward expression or an error in grammar.**

3. (a) There are many ways to study for a test. (b) Study a little every day. (c) Don't revise everything in one day. Sit in a quiet room. Study for thirty minutes and then have a rest for five minutes. Go to bed early before exam. (d) Be not get nervous. Relax before the test.

▶ revise v. 복습하다
quiet a. 조용한
have a rest 휴식하다
nervous a. 겁내는, 불안한

✍ Writing Activity!

A 주어진 문장을 ( ) 안의 지시대로 바꿔 써 보세요.

1. There is a book on the desk. (부정문으로)

➡ _____

2. There are some pineapples in the basket. (some 대신 any를 사용하여 의문문으로)

➡ _____? Yes, _____.

3. There is a lot of snow at the top of the mountain. (의문문으로)

➡ _____? No, _____.

4. There are a lot of trees in the garden. (부정문으로)

➡ _____

5. There is some juice in the bottle. (some 대신 any를 사용하여 의문문으로)

➡ _____? Yes, _____.

B 주어진 상황에 맞게 선생님이 교실에서 할 수 있는 충고의 말을 명령문으로 쓰세요.

1.  2.  3.

1. _____ in class. (sleep)

2. _____ in class. (use / your cell phone)

3. _____ in class. (quiet)

C 주어진 표현을 이용하여 Let's 또는 Let's not으로 문장을 완성하세요.

[보기]	go to the movie theater	buy her a present	take the bus

1. I love going to the movie theater.　➡ _____

2. It's Linda's birthday today.　➡ _____

3. The bus is always late.　➡ _____

D 예시와 같이 그림을 참고하여 빈칸을 영작하세요.

[예시]　　*Are there* ____ four cups in this picture?
____ *No, there aren't* ____ . ____ *There are two cups* ____
in this picture.

1. 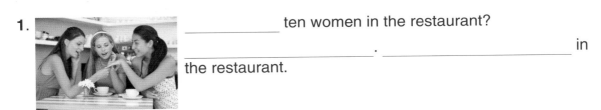 _____ ten women in the restaurant?
_____ . _____ in
the restaurant.

2. 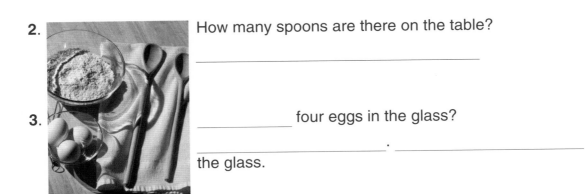 How many spoons are there on the table?

_____

3. _____ four eggs in the glass?
_____ . _____ in
the glass.

[1-4] 다음 그림을 보고 예시와 같이 그림을 설명하는 문장을 쓰세요.

[예시] *There is a knife on the table.*   (knife)

1. _____ (fork)

2. _____ (bowl)

3. _____ (spoon)

4. _____ (dish)

[5-6] 주어진 우리말을 영어로 옮길 때 빈칸에 알맞은 말을 쓰세요.

5. 우리 같이 영화 보러 가자.

= _____ go to the movies together.

6. 필통에는 연필이 많이 있다.

= _____ many pencils in the pencil case.

[7-9] 다음 문장을 우리말과 뜻이 같도록 바꿔 쓰세요.

7. You drink much coffee.

➡ _____ 커피를 많이 마시지 마라.

8. We will paint the door tomorrow.

➡ _____ 내일 문을 페인트 칠하자.

9. We will write a letter to our parents.

➡ _____ 부모님께 편지를 쓰자.

10. 다음 문장의 빈칸에 공통으로 들어갈 말로 알맞은 것을 고르세요.

> • The red light is on. _____ walk across.
> • The lake is very deep here. _____ swim here, please.

① Let's   ② Be not   ③ Don't   ④ You   ⑤ I

[11-13] 우리말과 뜻이 같도록 괄호 안의 단어를 배열하여 문장을 완성하세요.

11. 탁자 아래에 고양이 두 마리가 있다. (under / there / two cats / are / the table)

➡ _____

12. 너무 그렇게 화내지 마. (be / angry / don't / so)

➡ _____

13. 내일 시험이 있어. 집에 가서 공부하자. (home / study / and / go / let's)

➡ We have a test tomorrow. _____

14. 다음 대화를 읽고 물음에 답하세요.

> Kevin : Don't be angry! You'll be fine.
> Lisa : Thank you. I didn't see the taxi when I was walking on the road.
> Kevin : _____ next time. Take care of yourself.

① Be proud of yourself   ② Be happy   ③ Be careful
④ Laugh   ⑤ Be quiet

STOP! 반드시 짚고 넘어가자!

1 There is(was) 뒤에는 [   ] 명사를 쓰고, There are(were) 뒤에는 [   ] 명사를 써야 해요.

2 There be문장의 부정문은 be동사 바로 뒤에 [   ] 만 붙이면 되요.

3 there be의 의문문은 be동사를 문장 맨 [   ] 으로 보내고 대답은 짧게 해서 긍정일 때는 Yes, [   ] [   ]. 부정이면 No, [   ] [   ] 으로 하면 되요.

4 명령문은 문장 맨 앞에 주어 You를 생략하고 [   ] 으로 시작하는 문장이에요. be동사의 경우 문장 맨 앞에 [   ] 로 시작해야 해요.

5 우리말 '~하지 마라' 처럼 부정 명령을 할 때는 일반동사나 be동사에 관계없이 동사 앞에 [   ] 를 써 주면 되요.

6 우리말 '~하자' 라는 제안문을 만들 때는 동사원형 앞에 [   ] 를 써서 표현해요. '~하지 말자' 라는 부정 제안은 Let's 뒤에 [   ] 만 붙이면 되요.

주의! 개념을 확실히 모를 때는 한 번 더 복습해야 함.

Daily Assignment Book

Homeroom teacher : _____

공부습관의 최강자가 되라!

1차시 _____ 월 _____ 일 _____ 요일 / **2차시** _____ 월 _____ 일 _____ 요일

Unit	Contents 수업내용	Homework 과제물	Check 숙제검사
1			O X
2			O X
나의 학습 아킬레스건	시험을 통해 드러난 나의 취약 부분은?		O X
	해결 방법은?		O X

▶ 학생들이 학원에서 공부한 내용입니다. 바쁘시더라도 관심을 갖고 확인해 주십시오.

Parent's Signature

Chapter 6

전치사 (장소)

책 한 권이 ( ) 있어.
A book is. (X)

'책 한 권이 있어.' 라는 말은 틀린 말은 아니지만, 어디에 있는 건지 알 수 없잖아. '책상 위에' 라고 말하려면 **on the desk**라는 말을 붙여야 해. 이렇게 **on**과 같은 녀석들은 한국말 '~에' 의 뜻으로 장소나 위치를 알려 주는 역할을 하는 거야.
A book is **on** the desk.

장소를 나타내는 전치사 1

People are standing **at** the bus stop.

Sunny and Kathy are sitting **on** the sofa.

1 at : '~에'의 뜻

1. at은 장소의 한 지점을 말할 때 사용

A strange woman is standing **at** the door.
I will wait for you **at** the bus stop.

2. at은 비교적 좁은 장소나 구체적인 장소에 사용

at the party	**at** the airport	**at** the movie theater
at home	**at** the station	**at** the meeting

They arrived **at** the airport.   Lisa is **at** the party.

▶ at은 정거장, 공항, 영화관과 같이 분명한 장소 또는 파티, 회의, 콘서트처럼 단체 행위가 이루어지는 장소에 쓰이는 전치사이다.

2 in : '~에'의 뜻

The students are **in** the library.   The apples are **in** the box.
She is **in** Holland.   Wilson is **in** Seattle.

▶ in은 건물이나 구체적인 공간 안에 있을 때, 비교적 넓은 장소(도시 이름, 나라 이름) 앞에 쓰인다.

3 on : '~(위)에'의 뜻

1. on은 어떤 장소에 접촉하는 표면 위를 말할 때 사용

The books are **on** the table.   They sat **on** the grass.

2. 버스, 기차, 비행기, 자전거, 말, 오토바이를 타고 있을 때도 사용

Nancy is **on** the bus.
Who is that woman **on** the bicycle.

▶ 자동차를 타고 있을 때는 in (a) the car / in (a)the taxi를 쓴다.

A in, on, at 중 알맞은 전치사를 골라 쓰세요.

1.

They sat _____ the bench.

2.

"Where's Kelly?"
"She is _____ the airport."

3.

Maria is swimming _____ the sea.

4.

The picture _____ the wall is very nice.

B 전치사 in과 on 중에 알맞은 것을 골라 주어진 표현과 함께 문장을 완성하세요.

> [보기] her finger   New York   the grass   the world
> her room   this river   the third floor

1. My sister is _____. She is playing the piano.

2. My apartment is _____.

3. My brother lives _____.

4. She was wearing a ring _____.

5. Don't swim _____. It's very dangerous to swim.

6. Don't sit _____. It's wet.

7. What is the longest river _____?

Chap. 6 ● 전치사(장소)

장소를 나타내는 전치사 2

A woman is **under** the table.

She sat **next to** her daughter.

1 방향을 나타내는 전치사

She runs **into** my room.
Jessica runs **down** the hill.
Bob is walking **across** the street.
A thief is jumping **out of** the window.
Let's go for a walk **along** the river.
I put my umbrella **behind** the door.

They walked **up** the hill.
A puppy is **under** the tree.

▶ into ~ 안으로
up ~ 위로
down ~ 아래로
out of ~ 밖으로
through ~을 통과하여
across ~을 가로질러
along ~을 따라서
under ~ 아래
behind ~ 뒤에
over ~ 위에 (조금 떨어져서)

2 자주 쓰이는 전치사 표현

The bank is **across from** the school.
There is a bus stop **in front of** the bakery.
The cat is **next to** the box.
The hospital is **between** the bank **and** the coffee shop.

▶ by (beside, next to) ~ 옆에
in front of ~ 앞에
across from (= opposite) ~ 맞은편에, ~ 반대편에
between A and B A와 B 사이에

3 on the way : '~로 가는 길에'의 뜻

on one's way로도 쓴다. one's는 my, your, his, her 등의 인칭대명사의 소유격을 말한다.
I met a strange man **on the way** to school.
Would you mind mailing this letter **on your way** to the office?

80

A 그림과 일치하는 표현을 쓰세요.

1.

~ 안으로 : _____

2.

~을 따라 : _____

3.

~을 가로질러 : _____

4.

~ 밖으로 : _____

B 우리말과 같도록 (   ) 안에 알맞은 전치사를 고르세요.

1. 귀신이 나무 뒤에 서 있다.

➡ A ghost is standing (under / behind / in front of) the tree.

2. 버스 정류장은 은행 맞은편에 있다.

➡ A bus stop is (between / across / out of) from the bank.

3. 우리는 해변을 따라 걸었다.

➡ We walked (into / down / along) the beach.

4. 그녀는 풀장 안으로 뛰어들고 있다.

➡ She is jumping (into / up / across from) the swimming pool.

5. 도서관은 은행과 박물관 사이에 있다.

➡ The library is (next to / in front of / between) the bank and the museum.

Sentence Completion

▶▶▶ Choose the one that best completes the sentence.

1. A: Do you know where the Statue of Liberty?

   B: It is _____ New York.

   (A) in   (B) at

   (C) to   (D) on

▶ the Statue of Liberty 자유의 여신상

2. A: Where were you waiting for me?

   B: I was waiting for you _____ the bus stop.

   (A) across from   (B) between

   (C) at   (D) under

Situational Writing

▶▶▶ Choose the one that best completes the sentence, based on the picture.

▶ parking lot 주차장
trail n. 오솔길

1.  They are _____ .

   (A) riding their bicycle into the parking lot.

   (B) walking their bicycle into the parking lot.

   (C) riding their bicycle along the trail.

   (D) walking their bicycle into the bike shop.

2.  A woman is reading a newspaper
_____.

(A) in front of the window

(B) next to the door

(C) on the bench

(D) under the table

Grammar for TEPS

▶▶▶ **Choose the best answer for the blank.**

1. A: Where did Nancy disappear?

B: She went to that coffee shop _____ the street.

(a) into   (b) to

(c) from   (d) across

> ▶ disappear v. 사라지다

2. When they walked _____ the restaurant, they saw a ghost standing at a bus stop.

(a) for   (b) out of

(c) from   (d) along

▶▶▶ **Identify the option that contains an awkward expression or an error in grammar.**

3. (a) A: Are you and Lisa in the same class?

(b) B: No, we aren't. My class is in the morning. Her class is in the afternoon.

(c) A: Listen, I'm on me way to the cafeteria now. Let's have lunch together.

(d) B: Sure. Let's go.

✍ Writing Activity!

A 그림과 일치하도록 빈칸에 알맞은 전치사를 쓰세요.

1. There are children _____ the tree.

2. They are sitting _____ the grass.

B 주어진 단어를 활용하여 '전치사 + 명사'로 질문에 답하세요.

1.

Where is she? (the hospital)

➡ _____

2.

Where is he? (the airport)

➡ _____

3.

Where is Karen? (a horse)

➡ _____

4.

Where are the children? (a party)

➡ _____

C 우리말과 뜻이 같도록 주어진 단어를 활용하여 문장을 완성하세요.

1. Wilson은 저 집에 산다. (live / that house)

➡ _____

2. 그녀는 나무 뒤에 서 있다. (stand / the tree)

➡ _____

3. 은행은 서점과 우체국 사이에 있다. (be / the bank / the bookstore / the post office)

➡ _____

4. 산타클로스는 선물을 가지고 굴뚝을 통해서 온다.

(Santa Claus / with many presents / come / the chimney)

➡ _____

5. 학생들은 횡단보도를 건넌다. (the students / walk / the crosswalk)

➡ _____

6. 귀신이 언덕을 달려 내려온다. (a ghost / run / the hill)

➡ _____

D 그림에 맞는 전치사를 사용하여 예시와 같이 문장을 영작하세요.

[예시]

_____*Are there*_____ two cakes on the table?
No, there aren't. *There is a cake on the table.*

(the table)

1.

_____ a man next to the door?
No, there isn't. _____

(the door / the window)

2.

_____ two girls under the tree?
No, there aren't. _____ .

(the tree)

[1-3] 다음 빈칸에 알맞은 전치사를 고르세요.

1. Kevin is swimming _____ the lake.

   ① across   ② between   ③ next to   ④ out of   ⑤ up

2. Is there a bank _____ the post office and the hospital?

   ① between   ② in front of   ③ up   ④ at   ⑤ along

3. She will stay _____ Seoul for a month.

   ① at   ② in   ③ on   ④ into   ⑤ down

[4-11] 지도 내용에 맞게 빈칸에 알맞은 말을 쓰세요.

4. The bookstore is _____ _____ the gas station.

5. The record shop is _____ from the bookstore.

6. The flower shop is _____ from the Pizza Hut.

7. The bookstore is _____ the library _____ the gas station.

8. The record shop is _____ the Pizza Hut _____ the restaurant.

9. The police station is _____ _____ the restaurant.

10. The bicycle is _____ _____ _____ the record shop.

11. The car is _____ _____ _____ the bookstore.

[12-15] 다음 그림을 보고 대화의 빈칸에 알맞은 전치사를 쓰세요.

12. A: Where is Sunny?

B: She is _____ her room.

13. A: Where is she sitting?

B: She is sitting _____ the chair.

14. A: Where is the computer?

B: It's _____ the desk.

15. A: I'm looking for my guitar.

B: It's _____ the chair.

16. 다음 문장의 빈칸에 공통으로 들어갈 말을 쓰세요.

> • There are a lot of people _____ the bus stop.
> • I met Kathy _____ the party last Saturday.

① on   ② in   ③ at   ④ across   ⑤ into

17. 주어진 우리말과 같은 뜻이 되도록 빈칸에 알맞은 표현을 쓰세요.

집에 가는 길에, 그녀는 아빠를 위해 선물을 샀다.

= _____ _____ _____ _____ , she bought a present for her dad.

18. 우리말을 영어로 잘못 옮긴 것을 고르세요.

① 그것은 학교 옆에 있습니다.   ⇒ It's next to the school.

② 그것은 책상 위에 있습니다.   ⇒ It's on the desk.

③ 그것은 도서관 맞은편에 있습니다.   ⇒ It's opposite the library.

④ 내 강아지는 책상 옆에 앉는다.   ⇒ My puppy sits next to my desk.

⑤ 우리 집은 도서관 건너편에 있습니다.   ⇒ My house is between from the library.

STOP! 반드시 짚고 넘어가자!

1 비교적 좁은 장소나 한 지점을 말할 때 전치사 [   ]을 써요.

2 건물이나 구체적인 공간 안에 있을 때, 비교적 넓은 장소에는 [   ]을 써요.

3 어떤 장소에 접촉하는 표면 위, 버스나 기차와 같은 것에 타고 있을 때 [   ]을 써요.

4 방향을 나타내는 전치사에는 [   ](~ 안으로), [   ](~ 위로), [   ](~ 아래로), [   ](~ 밖으로), [   ](~을 통과하여), [   ](~을 가로질러), [   ](~ 아래), [   ](~ 뒤에) 등이 있어요.

5 그 외에 함께 뭉쳐 잘나가는 표현으로는 [   ], [   ], [   ](~ 옆에), [   ](~ 앞에), [   ](맞은 편에), [   ] A and B(A와 B 사이에) 등이 있어요.

주의! 개념을 확실히 모를 때는 한 번 더 복습해야 함.

Daily Assignment Book

Homeroom teacher : _____

공부습관의 최강자가 되라!

1차시 _____월 _____일 _____요일 / **2차시** _____월 _____일 _____요일

Unit	Contents 수업내용	Homework 과제물	Check 숙제검사
1			O X
2			O X
나의 학습 아킬레스건	시험을 통해 드러난 나의 취약 부분은?		O X
	해결 방법은?		O X
		Parent's Signature	

▶ 학생들이 학원에서 공부한 내용입니다. 바쁘시더라도 관심을 갖고 확인해 주십시오.

Chapter 7
의문사

Unit 1. 의문대명사와 의문형용사
Unit 2. 의문부사

이것은 무엇의 책가방이니?
What schoolbag is this? (X)

책가방이란 명사를 꾸며 주어 형용사처럼 '누구의(**whose**) 책가방' 이라고 하는 거야.
Whose schoolbag is this?

How tall ~은 한국말로 얼마나 키가 큰지, 얼마나 높은지를 물어보는 말이야. 얼마나 먼지(거리)를 물어볼 때는 **How far**를 써야 해!
How far is it from here to the City Hall?

시청이 여기서 얼마나 높니?
How tall is it from here to the City Hall? (X)

의문대명사와 의문형용사

Who eats lunch?

Which season do you like best?

1 의문대명사

의문사가 문장에서 대명사 역할을 동시에 하며, 의문사 뒤에 명사가 오지 않음

Who is that woman? - She is my sister, Kathy.
Who studies Spanish? - Bob does.
What is she? - She is an English teacher.
Which do you like better, soccer or baseball?
- I like soccer better.
Whose is this? - It's mine.

2 의문형용사

의문사 뒤에 명사가 있어 그 명사를 꾸며 주는 형용사 역할을 하는 의문사

1. 'What + 명사 ~?' 는 '무슨, 어떤' 의 뜻
   What sports do you like? - I like basketball.
   What day is it today? - It's Saturday.

2. 'Which + 명사 ~?' 는 '어느 ~, 어떤 ~' 처럼 선택을 물을 때 사용
   Which color do you like, blue or yellow? - I like blue.

3. 'Whose + 명사 ~?' 는 '누구의' 또는 '누구의 것' 이란 의미
   Whose schoolbag is this? - It's mine.
   Whose house is that? - It's Kevin's.

▶ Who는 '누구' 의 의미로 사람의 이름이나 관계를 물을 때 사용
Who가 주어로 사용될 때 3인칭 단수 취급하여 동사도 3인칭 단수형을 써야 한다.
What은 '무엇' 의 의미로 사물의 이름을 묻거나, 사람의 신분, 직업을 물을 때 사용
Which는 '어느 것' 이란 의미로 둘 중의 어느 한 개를 선택할 때 사용
Whose는 '누구의 것' 이란 의미로 누구의 소유인지를 물을 때 사용

▶ What Vs. Which
선택 범위가 정해져 있어 어느 하나를 고를 수 있을 때는 Which를 쓰고, 어떤 것인지 정확하게 정해져 있을 않을 때는 의문사 What을 쓴다.

A 빈칸에 알맞은 의문사를 써 넣으세요.

1.

A: _____ is that girl?
B: She is Peter's sister.

2.

A: _____ is this?
B: This is a washing machine.

3.

A: _____ car is it?
B: It's Wilson's car.

4.

A: _____ book is yours, this or that?
B: This is mine.

B ( ) 안에 알맞은 것을 고르세요.

1. (Whose / What) bicycle is this?

2. Whose shoes (is / are) these?

3. What color (do / does) you like?

4. (Who / Whose) are they?

5. What book (do / does) she want?

6. Whose lemons (is / are) those?

7. (Whose / Which / What) does the tiger eat?

8. (Which / Whose) do you like, rice or bread?

Chap. 7 ● 의문사

Where are you going?
- I'm going to a movie theater.

How often do you go to the movies?
- Once a month.

---

1 의문부사는 문장 안에서 부사의 역할을 한다.

When is Christmas? - It's December 25th.
Where is my cell phone? - It's on your desk.
Why do you take a taxi?
- Because I'm late for the meeting.
How is your school life? - It's not so bad.

---

2 의문사 how와 함께 잘나가는 의문부사들

How old is your brother? - He's 15 years old. (나이)
How tall is she? - She's 180 centimeters tall. (키)
How often does she go to the library? - Every day. (빈도)
How far is it from here to the City Hall? (거리)
- It's about 10 kilometers.

▶ How long ~? 얼마나 긴~ (길이) / 얼마나 오래~ (기간)
How far ~? 얼마나 멀리~ (거리)
How tall ~? 얼마나 높은~ (높이) / 얼마나 큰 ~ (키)
How old ~? 얼마나 나이 든~ (나이) / 얼마나 오래된 ~ (연수)
How often ~ ? 얼마나 자주 ~ (빈도)

---

3 How many ~? / How much ~?

1. How many + 셀 수 있는 명사 ~?
How many *friends* do you have?
How many *books* does she buy a month?

2. How much + 셀 수 없는 명사 ~?
How much *water* do you drink?
How much *coffee* does he drink?
How much *is* this car?

▶ How many와 How much
'얼마나'의 뜻으로 그 수와 양을 물어보는 말이다.
단, 가격을 물을 때는 How much ~?를 쓴다. 주어가 단수이면 is, 복수이면 are를 쓴다.

A 의문사 'How + long / often / much'를 이용하여 질문과 그 대답을 완성하세요.

1. A: _____ _____ does she play the piano?
   B: _____ _____ the piano once a week.

2. A: _____ _____ does it take to go there?
   B: _____ _____ about three hours to go there.

3. A: _____ _____ is the bag?
   B: _____ _____ 20 dollars.

B How many와 How much 중 알맞은 것을 쓰세요.

1. _____ eggs does Laura have?

2. _____ butter do you need?

3. _____ water do you drink a day?

4. _____ notebooks does he want?

5. _____ cities does Lisa visit?

6. _____ coffee does your dad drink?

C 예시와 같이 there be를 이용하여 How many ~? 의문문을 완성하세요.

[예시] *How many books are there on the desk_____*?
There are three books on the desk.

1. _____?
   There are ten apples in the basket.

2. _____?
   There are five cars in the parking lot.

3. _____?
   She eats two slices of bread.

Sentence Completion

▶▶▶ Choose the one that best completes the sentence.

1. A: _____ are there tigers in the zoo?

B: There are four tigers in the zoo.

(A) Who

(B) How much

(C) Whose

(D) How many

▶ zoo n. 동물원
tiger n. 호랑이

2. A: _____ do you exercise?

B: Almost every day.

(A) How far

(B) How often

(C) How old

(D) How many

Situational Writing

▶▶▶ Choose the one that best completes the sentence, based on the picture.

1.  _____ do you like
better, an apple or an orange?

(A) What

(B) How

(C) Why

(D) Which

2. How _____ are you going to stay here?

(A) often

(B) long

(C) tall

(D) much

▶ be going to ～할 예정이다

Grammar for TEPS

▶▶▶ **Identify the option that contains an awkward expression or an error in grammar.**

1. (a) A: What TV do you like?

(b) B: I like the wide screen TV on the wall.

(c) A: I do, too. But it's too expensive. We can't afford it.

(d) B: Well, what about the big one under it?

▶ wide a. 넓은
screen n. 화면
afford v. ～할 여유가 있다

2. (a) A: Is this your bicycle?

(b) B: No, it isn't.

(c) A: How many bicycle is it?

(d) B: It is Nancy's bicycle.

▶▶▶ **Choose the best answer for the blank.**

3. A: _____ milk does Sunny drink?

B: She drinks four glasses of milk.

(a) Which

(b) How

(c) How much

(d) Whose

✍ Writing Activity!

A 예시와 같이 'Whose + 명사'를 이용하여 의문문을 완성해 보세요.

[예시]

(bicycle / that)

Whose bicycle is that ?

➡ It's Kathy's.

1.

(oranges / those)

_____ ?

➡ They are Ted's.

2.

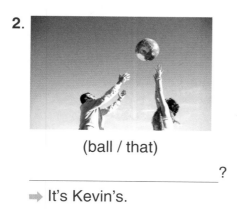

(ball / that)

_____ ?

➡ It's Kevin's.

3.

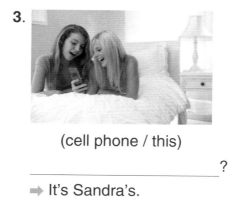

(cell phone / this)

_____ ?

➡ It's Sandra's.

B 주어진 문장을 예시와 같이 의문사 where, what, how를 이용하여 의문문을 만드세요.

[예시] The girls are looking at *their waiter*. ➡ *Who are the girls looking at* ?

1. They are sitting <u>in a restaurant</u>. ➡ _____ ?

2. They are drinking <u>coffee</u>. ➡ _____ ?

3. They are sitting <u>on chairs</u>. ➡ _____ ?

C 보기의 단어를 이용하여 How 의문문을 만들어 보세요.

[보기]	often	tall	far	old

1. _____? ⇒ I'm 175 centimeters tall.

2. _____? ⇒ I study Japanese three times a week.

3. _____? ⇒ My father is 50 years old.

4. _____ from here to the library? ⇒ It is about 2 kilometers.

D 주어진 대답을 참고하여 How many 또는 How much ~? 의문문을 완성하세요.

1. _____?
   ⇒ There are three roses in the vase.

2. _____?
   ⇒ I need two pounds of sugar.

3. _____?
   ⇒ There are two teachers in the classroom.

4. A: Do you drink milk every day?
   B: Yes.
   A: _____?
   B: _____.
   (two glasses of milk)

97

[1-3] 다음 문장의 빈칸에 들어갈 말로 가장 알맞은 것을 고르세요.

1. _____ hat is this? - It's hers.

① Who   ② Whose   ③ Which   ④ What   ⑤ Where

2. _____ shoes do you prefer? - I like the red pair better.

① What   ② Who   ③ Which   ④ Whose   ⑤ When

3. How _____ do you go shopping? - Once a week.

① old   ② far   ③ tall   ④ often   ⑤ long

4. 다음 중 대화가 <u>어색한</u> 것을 고르세요.

① A: Who likes chocolate?
   B: Justin likes chocolate.

② A: How long did you wait for me?
   B: For an hour.

③ A: Where is Jane going now?
   B: She is going to the library.

④ A: How high is Mount Everest?
   B: About two miles.

⑤ A: How do you usually get to work?
   B: By bus.

[5-7] 다음 문장의 밑줄 친 부분을 활용하여 의문사가 있는 의문문으로 고쳐 쓰세요.

5. Seo-yoon is sitting <u>on the bench</u>.

➡ _____ ?

6. <u>Kelly</u> is playing tennis with Bob.

➡ _____ ?

7. Sunny is studying Math.

➡ _____ ?

[8-9] 주어진 질문에 대한 대답으로 알맞은 것을 고르세요.

8. Where are you going, Kathy?

① In the kitchen　　② To the grocery store.　　③ At 10 p.m.

④ With my daddy.　　⑤ On weekends.

9. How many slices of bread does she eat?

① There are a lot of bread.

② There are some bread in the basket.

③ She eats two slices of bread.

④ She went there yesterday.

⑤ Every Wednesday and Friday.

[10-11] 주어진 대화를 읽고 물음에 답하세요.

A: How _____(a)_____ teeth do sharks have?

B: Between 300 and 400.

A: Why do they have so _____(b)_____ teeth?

B: They eat large fish. They sometimes eat people.

A: And when do they hunt?

B: At night.

10. (a)와 (b)에 공통으로 들어갈 말로 알맞은 것은?

11. 다음 중 위 대화를 통해 상어에 대해 알 수 없는 것은?

① 사람을 먹는 이유　　② 먹이　　② 이가 많은 이유

④ 사냥시간　　⑤ 이빨의 개수

STOP! 반드시 짚고 넘어가자!

1 How many는 [   ]를 물어보고, How much는 [   ]을 물어보는 말이에요.

2 How many 뒤에는 [   ] 명사를 쓰고, How much 뒤에는 [   ] 명사를 써야 해요.

3 의문부사 가운데 how와 함께 자주 쓰이는 표현으로 How [   ]은 길이나 기간을 물을 때, How [   ]은 얼마나 자주인지 횟수를 물을 때, How [   ]는 나이 또는 얼마나 오래됐는지를 물을 때, How [   ]는 거리가 얼마나 먼지를 물을 때, How [   ]은 신장 또는 얼마나 높은지를 물을 때 사용해요.

4 어떤 것을 선택할 때 이미 그 범위가 정해져 있을 때는 [   ]로 물어보고, 정해져 있지 않은 막연한 무엇인가를 물을 때는 [   ]을 써요.

주의! 개념을 확실히 모를 때는 한 번 더 복습해야 함.

Daily Assignment Book

Homeroom teacher : _____

공부습관의 최강자가 되라!

1차시 _____월 _____일 _____요일 / **2차시** _____월 _____일 _____요일

Unit	Contents 수업내용	Homework 과제물	Check 숙제검사	
1			O	X
2			O	X
나의 학습 아킬레스건	시험을 통해 드러난 나의 취약 부분은?		O	X
	해결 방법은?		O	X
			Parent's Signature	

▶ 학생들이 학원에서 공부한 내용입니다. 바쁘시더라도 관심을 갖고 확인해 주십시오.

REVIEW TEST for Chapter 4~7

[1-4] 주어진 문장을 미래시제 be going to로 바꿔 쓰세요.

1. I will play basketball.

➔ _____

2. Tiffany will go shopping with her mom.

➔ _____

3. He will study abroad.

➔ _____

4. They will buy some books.

➔ _____

[5-7] ( ) 안에 알맞은 형용사 또는 부사를 고르세요.

5. The baby is always very (quiet / quietly).

6. Jessica is an (excellent / excellently) musician. She plays the violin very (good / well).

7. Kevin runs (fast / fastly).

[8-9] 주어진 빈도부사를 알맞은 자리에 넣어 문장을 완성하세요.

8. We / go / to the beach / in summer (often)

➔ _____

9. Wilson / doesn't play / basketball / on the weekend. (usually)

➔ _____

[10-12] 주어진 문장을 ( ) 안의 지시대로 바꾸세요.

10. You wash your hands before dinner. (명령문)

   ➡ _____

11. We go to the park. (부정 제안문)

   ➡ _____

12. We go to the movie theater. (제안문)

   ➡ _____

[13-14] 예시와 같이 상황에 맞게 there be를 이용한 문장을 완성하고 ( ) 안에 알맞은 전치사를 고르세요.

> [예시] _Are there_ five balloons (<u>in</u> / on / at) the boy's hand?
> ➡ _No, there aren't. There are four balloons._

13.   _____ six birds (in / near) this picture?

   ➡ _____

14.   _____ two children (behind / under) the tree?

   ➡ _____

15. 예시와 같이 'Whose + 명사' 를 이용하여 의문문을 완성해 보세요.

> [예시] (bicycle / that)
>
> *Whose bicycle is that?* _____ ➡ It's Sunny's.

➡ They are Jessica's.

(shoes / those)

[16-20] 보기의 단어를 이용하여 How 의문문을 만들어 보세요.

> [보기] often   tall   many   far   old

16. _____

➡ I go shopping once a week.

17. _____

➡ My mother is 40 years old.

18. _____

➡ I have five friends.

19. _____

➡ It(Dabotap) is 10.4 meters.

20. _____ from here to the Olympic Park?

➡ It is about 10 kilometers.

[1-2] 주어진 문장을 의문문과 부정문으로 바꿔 써 보세요.

1. Kevin is watching a movie.

   부정문: _____ .

   의문문: _____ ?

2. The children were swimming in the pool.

   부정문: _____ .

   의문문: _____ ?

[3-5] 주어진 동사를 활용하여 알맞은 과거 또는 과거진행형으로 문장을 완성하세요.

3.

   We _____ in the park when it _____ to rain.

   (start / walk)

4.

   When you _____, I _____ TV.

   (watch / call)

5.

   While Juliet _____ to the bank, the cell phone _____ .

   (ring / drive)

6.

Are they going to buy some books?

➡ No, _____ .

7.

Will he take a subway?

➡ Yes, _____ .

[8-11] there is / there are 중 알맞은 것을 쓰세요.

8. _____ a ball in the box.

9. _____ a lot of snow on the ground.

10. _____ some flowers in the vase.

11. _____ thirty-five students in my class.

[12-15] 주어진 문장을 ( ) 안의 지시대로 바꿔 쓰세요.

12. We go to the movie theater. (제안문)

➡ _____

13. We go to the zoo. (부정 제안문)

➡ _____

14. You wash your hands before dinner. (명령문)

➡ _____

15. You eat chocolate too much. (부정 명령문)

➡ _____

[16-17] 장소와 관련된 알맞은 전치사를 써서 주어진 질문에 대한 대답을 완성하세요.

> [예시] (the bus stop)
>
> Where is the man? ➡ *He is at the bus stop.*

16.

(a party)

Where are the children?

➡ _____

17.

(the tree)

Where is Jessica?

➡ _____

[18-19] 빈칸에 알맞은 지시형용사를 써 넣으세요.

18.

이 신발이 맘에 드나요?

Do you like _____ shoes?

19.

저 꽃들은 Tiffany를 위한 거야.

_____ flowers are for Tiffany.

[20-22] 우리말과 뜻이 같도록 주어진 단어를 이용하여 문장을 영작하세요.

20. 귀신이 나무 뒤에 서 있다. (stands / the tree / a ghost)

➡ _____

21. 서점은 은행과 우체국 사이에 있다. (the bank / the bookstore / the post office)

➡️ _____

22. 산타클로스는 선물을 가지고 굴뚝을 통해서 온다.

(Santa Claus / with many presents / comes / the chimney)

➡️ _____

[23-25] some과 any 중 알맞은 것을 쓰세요.

23. After lunch we usually eat _____ ice cream for dessert.

24. There isn't _____ pizza. Who ate all of my pizza?

25. I have _____ money today, but yesterday I didn't have _____ money.

[26-28] 빈칸에 many, much, a lot of 중 가장 자연스러운 말을 쓰세요.

26.

There are _____ books in the library.

27.

Do you have _____ apples?

28.

I don't have _____ money.

[29-32] 빈칸에 a few, few, a little, little 중 알맞은 것을 쓰세요.

29.

우편함에 편지가 거의 없다.

➡ There are _____ letters in the mailbox.

30.

Sunny는 건강을 위해 설탕을 조금 먹는다.

➡ Sunny eats _____ sugar for her health.

31.

엄마는 음식에 소금을 거의 사용하지 않는다.

➡ My mom uses _____ salt in her food.

32.

Alice는 몇 권의 책을 샀다.

➡ Alice bought _____ books.

[33-34] 보기에서 알맞은 형용사를 골라 문장을 완성하세요.

[보기]	tall	thirsty	cool	big

33.

Lisa is very _____.
She is drinking _____ water.

34.

London is a very _____ city.
There are many _____ buildings.

[35-36] 주어진 문장을 예시와 같이 'be동사 + 형용사' 형태로 고쳐 쓰세요.

> [예시] She is a kind nurse.　　➡ The nurse *is kind*　　　.

35. They are busy ants.　　➡ The ants _____.

36. He is an unkind doctor.　　➡ The doctor _____.

[37-39] 의문부사 'How + long / often / much' 를 이용하여 질문과 그 대답을 완성하세요.

37. A: _____ _____ does she play the cello?

B: _____ _____ the cello once a week.

38. A: _____ _____ does it take to go there?

B: _____ _____ about three hours to go there.

39. A: _____ _____ is the bag?

B: _____ _____ 20 dollars.

[40-41] 주어진 의문사를 이용하여 의문사가 있는 의문문으로 만드세요.

40. They have lunch.

➡ _____?

- At one o'clock.

(When)

41. Tiffany studies Korean.

➡ _____?

- Because it's important.

(Why)

WORKBOOK

• U n i t 1 •

A 주어진 문장을 의문문과 부정문으로 바꿔 써 보세요.

1. Some people are standing under the tree.

부정문: _____.

의문문: _____?

    No, _____.

2. She was smiling kindly.

부정문: _____.

의문문: _____?

    Yes, _____.

3. The woman is drinking milk.

부정문: _____.

의문문: _____?

    No, _____.

B 어제 있었던 일에 대한 정보를 참고하여 과거진행 문장을 완성하세요.

1.

5:00 - 6:00

(Lisa / take a picture)

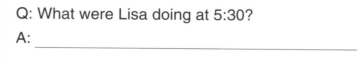

Q: What were Lisa doing at 5:30?

A: _____

2.

6:00 - 8:00

(Kelly / draw a painting)

Q: What was Kelly doing at 7:00?

A: _____

A 그림에 알맞은 의문사를 넣어보세요.

1. A: _____ do you get up?
   B: At 6 o'clock.

2. A: _____ does your dad do on Sunday?
   B: He plays golf.

3. A: _____ are they going?
   B: They are going to the department store.

4. A: _____ does Bob go to school?
   B: By school bus.

B 주어진 대답을 이용하여 의문사가 있는 의문문을 영작해 보세요.

1. A: _____?
   B: I usually go to bed at 10:00.

2. A: _____?
   B: I went to the bookstore after school.

Chapter 2

• U n i t 1 •

A 주어진 형용사를 알맞은 위치에 넣어 문장을 완성하세요.

1. It is a car. (expensive)

➡ _____

2. She is a teacher. (new)

➡ _____

3. That woman is a doctor. (slim)

➡ _____

4. This is a puppy. (cute)

➡ _____

B 보기에서 알맞은 형용사를 골라 빈칸을 완성하세요.

| [보기] | happy | tall | fresh | hungry |

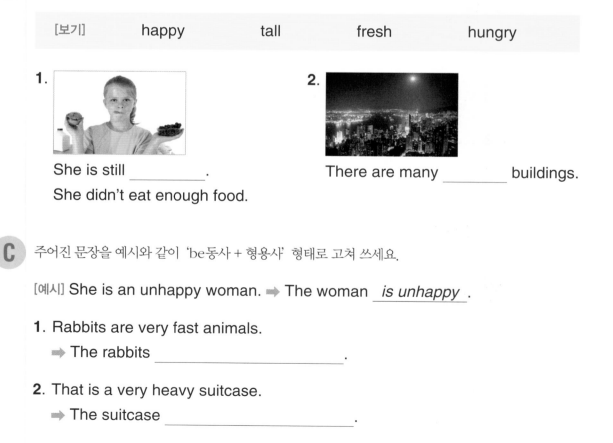

1.

She is still _____ .
She didn't eat enough food.

2.

There are many _____ buildings.

C 주어진 문장을 예시와 같이 'be동사 + 형용사' 형태로 고쳐 쓰세요.

[예시] She is an unhappy woman. ➡ The woman _is unhappy_ .

1. Rabbits are very fast animals.

➡ The rabbits _____ .

2. That is a very heavy suitcase.

➡ The suitcase _____ .

A ( ) 안에 알맞은 것을 고르세요.

1. (That / These) books (is / are) interesting.

2. (This / Those) table (is / are) round.

3. (Those / That) tigers (is / are) very dangerous.

4. (These / That) melons (is / are) fresh.

5. (That / Those) ants (is / are) very small.

B 주어진 사진을 보고 some과 any를 이용하여 문장을 완성하세요.

1. Are there _____ cars in the park?
   No, there aren't _____ cars.

2. Are there _____ benches in the park?
   Yes, there are _____ benches.

C 빈칸에 a few, few, a little, little을 써 넣으세요.

1. It's raining. There are _____ people in the park now.

2. I have _____ eggs. I can make an omelette.

3. There's _____ milk. I'm going to the shop to buy some.

4. She is new in town and has _____ friends here.

D 주어진 문장을 many와 much를 이용하여 다시 쓰세요.

1. Peter doesn't eat a lot of meat.

   ➡ _____

2. There are a lot of people at the library.

   ➡ _____

3. We had a lot of snow last year.

   ➡ _____

Chapter 3

• U n i t 1 •

A ( ) 안의 동사를 알맞은 형태로 고쳐 쓰세요.

1. They _____(walk) in the park when it _____(start) to rain.

2. When I _____(drive) down the hill, I _____(see) a ghost.

3. Laura _____(wait) for the bus when she _____ (meet) a strange woman.

B 예시와 같이 주어진 표현을 이용하여 질문에 대한 답을 완성하세요.

[예시]

(sleep)

Q: Was Paul doing his homework when I called?

A: No, *he wasn't doing his homework* .

He was sleeping .

1.

(wash his car)

Q: Was your dad reading a newspaper?

A: No, _____.

_____.

C 주어진 표현과 문장을 이용하여 사람이 무엇을 하고 있었는지 추론하여 문장을 완성해 보세요.

[예시] She burned her finger.

Maybe she was cooking when she burned her finger. (cook)

1. The boy fell down.

_____ (go down the stairs)

2. She fell asleep.

_____ (watch TV)

• U n i t 2 •

A every는 'all the + 복수명사' 로 all은 'every' 로 바꿔 문장을 다시 써 보세요.

1. Every student went to the zoo.

   ➡ _____

2. All the students study hard.

   ➡ _____

3. All the girls learn Korean in high school.

   ➡ _____

4. Every boy always plays soccer after school.

   ➡ _____

5. All the books on the table are interesting.

   ➡ _____

6. Every teacher at my school is kind.

   ➡ _____

B all과 every 중 알맞은 것을 고르세요.

1. Yesterday it rained (all / every) day.

2. We go to beach (every / all) summer.

3. (Every / All) police officers help us.

4. She does her homework (every / all) evening.

5. He drinks about four cups of coffee (all / every) day.

6. We don't work (all / every) Saturday.

7. Kelly goes to the swimming pool (all / every) morning.

8. (Every / All) dentists are always busy.

A 주어진 문장을 미래시제 will을 이용하여 부정문과 의문문으로 바꿔 써 보세요.

1. They take a subway.

부정문: _____ .

의문문: _____ ? No, _____ .

2. Peter buys a new car.

부정문: _____ .

의문문: _____ ? Yes, _____ .

B 주어진 문장을 be going to 미래시제를 이용하여 부정문과 의문문으로 바꿔 써 보세요.

1. Linda will study English tomorrow.

부정문: _____ .

의문문: _____ ? Yes, _____ .

2. Mark will eat cheese pizza.

부정문: _____ .

의문문: _____ ? No, _____ .

C 주어진 단어를 활용하여 그림과 일치하는 be going to 문장을 완성하세요.

1.

(take a picture)

Wilson has a digital camera.

_____

2.

(drink coffee)

Nancy is in a cafe.

_____

A 주어진 빈도부사를 넣어 문장을 다시 쓰세요.

1. I take a walk after dinner. (usually)

➡ _____

2. Lisa jogs in the morning. (always)

➡ _____

3. Kevin doesn't read a newspaper. (never)

➡ _____

4. Is she on time for work? (usually)

➡ _____

5. Kelly doesn't drink coffee. (rarely)

➡ _____

B 그림에 맞는 부사를 넣어 문장을 완성하세요.

[보기]	loudly	slowly	fast	happily

1.

The cheetah runs _____.

2.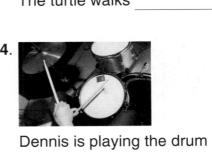

The turtle walks _____.

3.

They are smiling _____.

4.

Dennis is playing the drum _____.

Chapter 5

• **U n i t 1** •

A there be를 이용하여 의문문을 만들고 대답도 완성하세요.

1. a basement / in your house

➡ _____? No, _____.

2. strange women / next to the bus

➡ _____? Yes, _____.

3. a lot of cars / in the parking lot

➡ _____? No, _____.

B 주어진 문장을 there be 부정문으로 고쳐 다시 쓰세요.

1. A lot of paintings are in the museum.

➡ _____

2. A tiger is in the field.

➡ _____

3. A snake is on the grass.

➡ _____

4. Many stars are in the sky.

➡ _____

C 주어진 그림과 일치하도록 의문문과 대답을 완성하세요.

1. _____ three cars in this picture?

No, _____. _____.

2. _____ a lot of bicycles in this picture?

No, _____. _____.

3. _____ four men in this picture?

No, _____. _____.

A 우리말과 같은 뜻이 되도록 빈칸을 완성하세요.

1. 창문을 열어라.

➡ _____ the door.

2. 조용히 해라, 그러지 않으면 선생님이 화가 날 거야.

➡ Be quiet, _____ our teacher will get angry.

3. 시간을 낭비하지 말자.

➡ _____ waste time.

4. 이 강에서 수영하지 마라.

➡ _____ swim in this river.

5. 거기에 가지 마라. 위험하다.

➡ _____ go there. It's dangerous.

B 주어진 문장을 ( ) 안의 지시대로 바꿔 쓰세요.

1. You park your car here. (부정 명령문)

➡ _____

2. You wash your hands before dinner. (명령문)

➡ _____

3. We will buy the expensive car. (부정 제안문)

➡ _____

4. You are careful, or you will break your glasses. (명령문)

➡ _____

5. We don't want to go to the concert. (부정 제안문)

➡ _____

6. We will have a party. (제안문)

➡ _____

Chapter 6

• U n i t 1 •

A 주어진 단어를 활용하여 '전치사 + 명사'를 넣어 완전한 문장을 쓰세요.

1.

(a party)

Where are they?

➡ _____

2.

(a taxi)

Where is Peter?

➡ _____

3.

(a bicycle)

Where is Jane?

➡ _____

4.

(the table)

Where is the computer?

➡ _____

B 전치사 at, in, on 중 알맞은 것을 넣어 문장을 완성하세요.

1. There is a clock _____ the wall.

2. Karen arrived _____ the airport.

3. Don't sit _____ this chair.

4. My uncle lives _____ Chicago.

5. There is a carpet _____ the floor.

6. The restaurant is _____ the second floor.

7. Let's meet _____ the department store.

8. We will stay _____ London for a week.

• U n i t 2 •

A ( ) 안에서 알맞은 것을 고르세요.

1. The guitar is next (to / in) the desk.

2. The bank is across (from / of) the E-Mart.

3. The library is (out / between) the bank and the museum.

B 주어진 표현을 이용하여 문장을 완성하세요.

1. 원숭이 한 마리가 나무 위로 올라가고 있다. (up, the tree, a monkey, be climbing)

➡ _____

2. 그녀는 문 뒤에서 책을 읽고 있다. (behind, be reading, the door, she)

➡ _____

3. 공항에서 만나자. (the airport, at, let's meet)

➡ _____

4. 고양이는 소파 아래에서 자고 있다. (the sofa, be sleeping, the cat, under)

➡ _____

C 우리말과 같도록 빈칸에 알맞은 말을 쓰세요.

1. 우리 집은 학교 옆에 있습니다.

= My house is _____ the school.

2. Sally는 Bob과 Sindy 사이에 앉아 있다.

= Sally is sitting _____ Bob _____ Sindy.

D 빈칸에 들어갈 알맞은 말을 고르세요.

A: I heard that there's a soccer game _____ Mina's class and Sunny's. Are you going to go?
B: Yes. I'm dying to see the game.

① across from ② behind   ③ opposite   ④ between   ⑤ through

123

Chapter 7

• **U n i t 1** •

A 빈칸에 Whose와 What 중 알맞은 의문형용사를 쓰고 ( ) 안에 알맞은 것을 고르세요.

1. _____ shoes (is / are) these?

2. _____ color (do / does) Tom like?

3. _____ shirt (is / are) it?

4. _____ book (do / does) Maria want?

5. _____ time (is / are) it?

6. _____ lemons (is / are) those?

B 의문대명사 Whose를 이용하여 예시와 같이 문장을 완성하세요.

[예시]

A: Is this your ring?
B: No, it isn't.
A: *Whose ring is it*_____?
B: *It is her ring*_____. (she)

1.

A: Are those your shoes?
B: No, they aren't.
A: _____?
B: _____. (Bob)

C Which와 What 중에 알맞은 것을 쓰세요.

1. _____ do you want, pizza or spaghetti?

2. _____ kind of car does she want?

3. _____ sport does she enjoy, tennis or soccer?

4. _____ sport does she play?

• U n i t 2 •

A 빈칸에 How many 또는 How much를 써 넣으세요.

1.

_____ cups of tea do you drink?

2.

_____ milk does Lisa drink?

3.

_____ apples are there in the basket?

4.

_____ money does your father make?

B 다음 질문에 어울리는 답을 보기에서 골라 쓰세요.

[보기] ① Just about three miles away. ② I like the big one better.
③ It's Friday. ④ It takes about ten minutes. ⑤ It is May 24th.

1. What day is it today?

➡ _____

2. What's the date today?

➡ _____

3. How far is it from here to the post office.

➡ _____

4. Which one do you like better?

➡ _____

5. How long does it take from here to the museum.

➡ _____

ANSWER KEY

Chapter 1 진행형 / Wh→일반동사

A
1. He isn't(is not) going to the bank.
2. Was your dad watching TV? / he was
3. She isn't(is not) looking for her pencil.
4. Were they taking a shower? / they weren't

B
1. he isn't / He is playing the piano.
2. Are they having dinner?

A
1. What	2. Which	3. When
4. Where	5. Why	6. How

B
1. When do you have lunch?
2. Why does Kelly study English?

SENTENCE COMPLETION   P.18
1. (B)   2. (C)

1. A: 그 남자는 전화로 얘기하고 있니?

   B: 아니, 그는 그의 휴대용 컴퓨터로 일하고 있어.

   ◎ 대답문에서 주어가 the man이므로 의문문에서 주어가 the man이 되어야 한다. 주어가 3인칭 단수이므로 be동사 Is를 문장 맨 앞에 써서 Is the man speaking ~?이 되어야 한다.

2. A: 어떻게 너는 그 어려운 단어를 알았니?

   B: 사전에서 찾아봤거든.

   ◎ 방법에 대해 묻고 있으므로 의문사 How를 써야 한다.

SITUATIONAL WRITING   P.18
1. (D)   2. (D)

1. (A) 남자가 자전거를 타고 있다.

   (B) 남자가 자동차의 뒤에 자전거를 싣고 있지 않다.

   (C) 남자가 자전거 타이어에 바람을 넣고 있지 않다.

(D) 남자가 양손으로 자전거를 잡고 있다.

◎ 사진에서 보면 남자가 자전거를 양손으로 잡고 있으므로 (D)가 정답이다. 나머지는 사진과 일치하지 않는다.

2. 지난주에 너는 뭐했니? – 나는 가족과 함께 동물원에 갔어.

◎ 대답문에서 went(go의 과거) 과거형을 보고 질문 또한 과거로 물어야 한다는 것을 알 수 있다. 또한 last weekend는 지난 과거를 표현하는 어구이다. 따라서 의문사 무엇에 해당하는 What을 사용하여 What did + 주어 + 동사원형 ~?으로 의문문을 만든다.

GRAMMAR FOR TEPS   P.19
1. (c)   2. (a)   3. (a)

1. 전화벨이 울린 때 우리는 저녁을 먹고 있었다.

   ◎ 진행형의 올바른 쓰임을 묻고 있다. 전화벨이 울릴 때 (When the phone rang)은 과거동사이고 그 이전에 앞서 이미 진행되고 있었던 동작은 과거진행형으로 표현해야 한다. 저녁을 먹고 있었던 중이었고 그 중간에 전화벨이 울린 것이다. 따라서 (c)가 되어야 한다.

2. A: 언제 싱가포르로 떠나나요?

   B: 아마 한 두 주 안으로요.

   ◎ 의문사를 이용한 현재진행형의 의문문이다. 의문사 + be동사 + 주어 + -ing ~?의 어순으로 문장을 완성한다. 따라서 (a)의 leaving이 올바른 형태가 된다.

3. A: 피터, 왜 돈이 필요하니?

   B: 이번 주 토요일이 어머니의 날이잖아, 그래서 엄마에게 선물을 사드리고 싶어.

   A: 어머니의 날이 언제이지?

   B: 5월 둘째 주 토요일이야.

   ◎ (a)의 의문문이 틀리다. 일반동사가 있을 때는 do나 does의 도움을 받아 의문문을 만든다. 따라서 (a)는 why do you need some money?의 어순으로 써야 한다.

WRITING ACTIVITY!   P.20
A
1. No, she isn't.	2. Yes, he was.

B
1. Was Kathy surfing the Internet?
2. Is she painting the wall?

C

1. When do you get up?
2. Where do Kangaroos live?
3. Why do you hate tennis?

D

1. Was Jason playing the violin?
   He was playing the saxophone.

A

1. 그녀는 풀장에서 수영하고 있니? – 아니

➡ 주어진 의문문에 대한 부정 대답이므로 No, she isn't(is not).을 쓴다. 대명사 she를 그대로 사용하고 주어에 맞는 be 동사를 사용해서 짧게 대답한다.

2. 그는 플루트를 연주하고 있었니? – 응, 연주하고 있었어.

➡ be동사 was를 사용해 의문문을 만들었으므로 긍정에 대한 대답은 Yes, he was.로 대답한다.

B

1. Kathy는 인터넷을 검색하고 있었니? – 응

➡ 대답에서 Yes, she was.를 보고 과거진행형으로 의문문을 완성해야 한다. 주어가 Kathy(3인칭 단수)이므로 Was Kathy surfing ~?으로 의문문을 완성한다.

2. 그녀는 벽을 칠하고 있니? – 응.

➡ 마찬가지로 대답문에 Yes, she is.를 보고 현재진행형을 이용한 의문문이라는 것을 알 수 있다. 따라서 Is she painting ~?으로 의문문을 완성한다.

C

1. 너는 언제 일어나니? – 7시에 일어나.

➡ 대답에 시간에 대한 정보가 있으므로 의문사 when을 이용한다. 주어가 2인칭 단수(you)이므로 do의 도움을 받아 When do you get up?으로 의문문을 만든다.

2. 캥거루가 어디에 사니? – 호주에 살아.

➡ 대답이 장소이므로 의문사 where를 사용한다. 주어가 복수(Kangaroos)이므로 do의 도움을 받아 Where do Kangaroos live?로 의문문을 만든다.

3. 왜 너는 테니스를 싫어하니? – 테니스는 지루한 게임이기 때문이야.

➡ 주어진 정보에 because를 보고 의문사 원인이나 이유를 묻는 의문사 why를 사용한다. 주어가 2인칭 단수(you)이므로 do의 도움을 받아 Why do you hate tennis?로 의문문을 완

성한다.

D

1. Jason은 바이올린을 연주하고 있었니? – 아니, 그는 섹스폰을 연주하고 있었어.

➡ 대답문이 No, he wasn't.이므로 과거진행형으로 의문문을 만들어야 한다. 주어가 3인칭 단수(Jason)이므로 Was를 문장 맨 앞에 써서 Was Jason playing the violin?으로 의문문을 만들고, 그림은 바이올린이 아닌 섹스폰을 연주하므로 He was playing the saxophone.으로 대답문을 완성한다.

중학 내신 뛰어넘기 P.22

1. ①
2. ③
3. ⑤
4. ④
5. Which / better / or
6. What / are watching
7. A - ② / B - ① / C - ④ / D - ⑤ / E - ③
8. ③

1. A: 그 여자는 코메디를 보고 있니?

B: 아니, 그녀는 공포영화를 보고 있어.

➡ 질문에서 be동사 현재인 Is를 사용해서 의문문과 그 대답을 하고 있다. 따라서 빈칸에도 현재진행형인 She is watching a horror film.이 되어야 한다.

2. A: Kevin은 만화책을 읽고 있었니?

B: 아니, 그는 수학공부를 하고 있었어.

➡ 의문문에서 be동사 과거인 Was Kevin ~?으로 묻고 있다. 따라서 알맞은 대명사 he와 부정 표현인 wasn't를 사용하여 No, he wasn't.로 짧게 대답한다.

3. ① Laura는 은행에서 아직 일하고 있다.

② 그는 그림을 그리고 있다.

③ Lisa는 지금 목욕을 하고 있다.

④ 그 여자는 벤치에 앉아 있다.

⑤ 그들은 오늘 저녁에 태국으로 떠날 예정이다.

➡ 모두 현재진행형임에는 틀림없다. 하지만 ①~④번은 지금 그 행동을 하고 있는 동작을 표현하지만, ⑤번은 지금 눈으로 보고 있는 행위를 표현하는 것이 아닌 오늘 저녁에 떠날 것이라는 미래를 표현하는 진행형이 된다. 따라서 미래시제로 쓰인 것이다.

4. 🔘 ①번은 직업을 묻는 표현으로 What을 쓴다. 나머지 모두 의문사 What이 어울리지만 ④번은 What을 쓰면 의미가 어색 해진다. ④번은 의문사 Why 또는 When과 같은 의문사가 의미상 적합하다.

5. 🔘 두 가지 이상의 정해진 것 중 어느 하나를 선택하는 의문사는 which를 사용하고 둘 중 하나를 고르므로 연결어 and를 쓰지 않고 or를 사용한다.

6. 🔘 무엇에 해당하는 의문사는 what을 사용하고 두 번째 문장은 현재진행형을 사용한다. 주어가 복수(they)이므로 are watching으로 쓴다.

7. A. 네 아버지의 직업은 무엇이니? – ② 의사

B. 봄과 여름 중 어느 계절을 더 좋아하니? – ① 여름

C. 너는 언제 자러 가니? – ④ 10시에 자러 가.

D. 우체국에 어떻게 가나요? – ⑤ 세 블럭 쭉 가세요.

E. 너의 엄마는 지금 설거지를 하고 계시니? – ③ 아니

🔘 A. 직업을 묻는 표현이므로 ②번의 의사가 알맞다.
B. 계절을 묻고 있으므로 ①번의 여름이라고 답한다.
C. 시간을 묻고 있으므로 시간을 나타내는 ④번이 알맞다.
D. 길을 묻고 있으므로 방향 및 길 안내를 하는 ⑤번이 알맞다.
E. 현재진행형에 대한 부정 대답으로 ③번의 No, she isn't가 알맞다.

8. A: Kelly는 무엇을 하고 있니?

B: 그녀는 지금 세차를 하고 있어.

🔘 의문사를 이용한 진행형의 의문문이므로 Yes, No로 짧게 대답할 수 없고 '지금 –하고 있다' 라는 진행형을 그대로 이용해서 대답한다. 따라서 정답은 ③번이 된다.

| STOP! 반드시 짚고 넘어가자! | P.24 |
1. be   2. was / were   3. not
4. 의문사 + do / does + 주어 + 동사원형
5. Yes / No

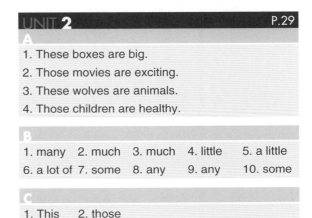

Chapter 2 형용사

UNIT 1   P.27

A
1. famous   2. big   3. happy
4. small   5. an exciting

B
1. A turtle is a slow animal.
2. It is hot coffee.
3. Lisa is a diligent student.
4. This is her white dress.

UNIT 2   P.29

A
1. These boxes are big.
2. Those movies are exciting.
3. These wolves are animals.
4. Those children are healthy.

B
1. many   2. much   3. much   4. little   5. a little
6. a lot of   7. some   8. any   9. any   10. some

C
1. This   2. those

SENTENCE COMPLETION   P.30
1. (C)   2. (C)

1. A: Wilson은 오직 몇 명의 친구만이 있어.

B: 알아. 하지만 한국에서는 친구가 많았대.

🔘 부정 수량형용사를 바르게 쓸 수 있는지를 묻고 있다. 빈칸 뒤에 있는 명사(friends)는 셀 수 있는 명사이므로 셀 수 있는 명사 앞에 쓸 수 있는 것은 a few가 된다. 나머지는 모두 셀 수 없는 명사 앞에 쓰는 형용사들이다.

2. A: 나는 약간의 초코렛을 샀어.

B: 난 어떤 초코렛도 사지 않았어.

🔘 some은 긍정문에서 셀 수 있는 명사, 셀 수 없는 명사 모두 쓸 수 있다. any는 부정문과 의문문에 사용한다. 주어진 빈칸은 긍정문이므로 '약간, 얼마' 라는 뜻의 some chocolate이 문맥상 올바르다.

1. (D) 2. (B)

1. 연못에 물이 많이 있다.

   ◑ 물(water)은 셀 수 없는 명사이기 때문에 There be구문에서 are를 쓰지 않고 is를 써야 한다. 명사 water를 수식하는 말도 단/복수를 모두 쓸 수 있는 a lot of가 와야 한다. (A)에서 a little도 가능하나, be동사 are이 틀리다.

2. 담임 선생님은 한 학생이 숙제를 하지 않아서 화가 났다.

   ◑ the homeroom teacher(담임 선생님)은 단수이다. 따라서 be동사 is + 형용사의 형태가 되어야 하므로 (B)가 적절하다. (D)는 kind가 그림의 상황과 어울리지 않다.

1. (a) 2. (d) 3. (d)

1. 그 학생은 그의 에세이에서 거의 실수를 하지 않았다.

   ◑ mistakes에 –s가 있으므로 복수명사를 수식하는 수량형용사를 골라야 한다. (a) few 다음에는 복수명사를 쓰고, (c) little 다음에는 단수명사를 쓴다.

2. A: 실례합니다. 여기 근처에 은행이 있나요?
   B: 잘 모르겠는데요. 전 여기 살지 않습니다.

   ◑ be동사 뒤에 알맞은 명사 또는 형용사를 써야 한다. 여기에 살지 않는다는 의미로는 I'm new here myself.를 쓴다.

3. A: 어젯밤에 본 영화 어땠니?
   B: 너무 슬퍼서 한참을 울었어.

   ◑ be동사 뒤에 알맞은 형용사를 고르는 문제이다. 오랫동안 울었다는 빈칸 뒤의 내용으로 보아 영화가 슬펐다는 것을 알 수 있다. 따라서 sad가 들어가야 한다. (c)의 sadly는 부사이므로 be동사 뒤에 쓸 수 없다.

A

1. these leaves   2. those boxes

B

1. some   2. any

C

1. Do you like this cake?
2. Look at those ants
3. These pencils are mine.

4. That house is very big.
5. These computers are not cheap.

D

1. I need a little money.
2. She bought a few books.
3. Laura eats a little sugar for her health.
4. There are a few people in the garden.

E

1. Peter doesn't have many problems.
2. We don't have much milk.
3. My mom doesn't use much salt for cooking.

F

1. Is there any bread / Yes, there is some bread.
2. Is there any apple / Yes, there is an apple.

A

1. 이 나뭇잎들

   ◑ 지시형용사 this의 복수형은 these를 쓴다. 명사 또한 복수형으로 고쳐 leaves를 쓴다.

2. 저 상자들

   ◑ 지시형용사 that의 복수형은 those를 쓴다. 명사 또한 복수형으로 고쳐 boxes로 쓴다.

B

1. Susan은 약간의 돈을 가지고 있다.

   ◑ 긍정문에는 some을 쓴다.

2. 난 해야 할 숙제가 거의 없다.

   ◑ 부정문과 의문문에는 any를 쓴다.

C

1. 이 케이크를 좋아하나요?

   ◑ these cakes를 단수형인 this cake로 바꾼다.

2. 저 개미들을 봐.

   ◑ that ant를 복수형인 those ants로 바꾼다.

3. 이 연필들은 내 거야.

   ◑ this pencil을 복수형인 these pencils로 바꾸고 be동사도 복수형인 are을 쓴다.

4. 저 집은 매우 크다.

   ↪ Those houses를 단수형인 That house로 바꾸고 be동사도 단수형인 is로 바꾼다.

5. 이 컴퓨터들은 싸지 않다.

   ↪ This computer를 복수형인 These computers로 바꾸고 be동사 또한 복수형인 are로 바꾼다.

1. 나는 약간의 돈이 필요하다.

   ↪ money는 셀 수 없는 명사이므로, some 대신 a little을 쓴다.

2. 그녀는 몇 권의 책을 샀다.

   ↪ book은 셀 수 있는 명사이므로, some 대신 a few를 쓴다.

3. Laura는 그녀의 건강을 위해 설탕을 조금 먹는다.

   ↪ sugar는 셀 수 없는 명사이므로, some 대신 a little을 쓴다.

4. 정원에 몇 명의 사람들이 있다.

   ↪ people은 셀 수 있는 명사이므로, some 대신 a few를 쓴다.

1. Peter는 많은 문제를 가지고 있지 않다.

   ↪ problem은 셀 수 있는 명사이므로, a lot of를 many로 바꿔 쓴다.

2. 우리는 우유가 많지 않다.

   ↪ milk는 셀 수 없는 명사이므로, a lot of를 much로 바꾼다.

3. 엄마는 요리를 위해 많은 소금을 사용하지 않는다.

   ↪ salt는 셀 수 없는 명사이므로, a lot of를 much로 바꾼다.

1. 탁자 위에 약간의 빵이 있나요? - 네, 있습니다.

   ↪ bread는 셀 수 없는 명사이고 의문문에는 any를 써서 Is there any bread ~?로 쓴다. 대답은 긍정문이므로 some을 써서 Yes, there is some bread.라고 쓴다.

2. 탁자 위에 사과가 좀 있나요? - 네, 한 개 있어요.

   ↪ apple은 셀 수 있는 명사이고 의문문에는 any를 써서 Is there any apple ~?로 쓴다. 대답은 긍정문이라고 해서 무조건 some을 쓰지 않고 그림에 사과가 한 개 있으므로 한 개, 하나를 나타내는 관사 a/an을 써서, Yes, there is an apple.이라고 쓴다.

1. ④   2. ⑤   3. much   4. many
5. ①   6. ③   7. thirsty   8. hungry
9. This is a nice picture.   10. ①

1. 바구니 안에 많은 바나나(사과, 땅콩, 케이크)가 있다.

   ↪ many 뒤에는 셀 수 있는 명사를 써야 하므로 ③번의 water는 쓸 수 없다.

2. ↪ ① ~ ④번은 모두 명사를 수식하는 형용사이고, ⑤번은 be동사 뒤에 쓰인 보어 역할을 하는 형용사이다.

3. 그는 많은 돈을 가지고 있다.

   ↪ money는 셀 수 없는 명사이므로, a lot of를 much로 바꿔 쓴다.

4. 공원에 많은 사람들이 있다.

   ↪ people은 셀 수 있는 명사이므로 a lot of를 many로 바꿔 쓸 수 있다.

5. 봐! 눈이 오고 있어. 눈이 많아.

   ↪ snow는 셀 수 없는 명사이므로 (a) few를 쓰지 않는다. 따라서 ①번의 a lot of를 써야 한다.

6. 나는 많은 미국인 친구들이 있다.

   ↪ lots of는 셀 수 있는 명사 또는 셀 수 없는 명사 앞에 모두 쓸 수 있다. 뒤에 수식하는 명사가 friends 셀수 있는 명사이므로 ③번의 many가 올바르다. ①번의 some도 가능하나 '많은'이란 의미가 되지 못하므로 many가 알맞다.

7. 그녀는 몹시 목마르다.

   ↪ 그림과 일치하는 형용사는 thirsty(목마른)이 올바르다.

8. 그 소년은 매우 배가 고프다.

   ↪ 그림과 일치하는 형용사는 hungry(배고픈)이 올바르다.

9. 이것은 멋진 그림(사진)이다.

   ↪ '관사 + 형용사 + 명사'의 어순으로 문장을 완성한다.

10. ↪ 긍정문에는 some을 쓰고, 의문문과 부정문에는 any를 쓴다.

1. 단수 / 복수 2. 앞 / be   3. 긍정문 / 부정문 / 의문문
4. 셀 수 있는 / 셀 수 없는 / a lot of / lots of
5. 셀 수 있는 / 셀 수 없는 / 긍정 / 부정

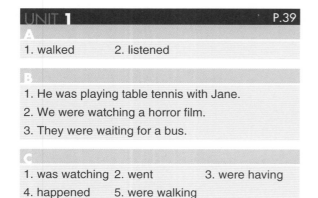

Chapter 3 시제 / every & all

UNIT 1   P.39

A
1. walked   2. listened

B
1. He was playing table tennis with Jane.
2. We were watching a horror film.
3. They were waiting for a bus.

C
1. was watching 2. went   3. were having
4. happened   5. were walking

UNIT 2   P.41

A
1. All   2. Every   3. Every   4. All
5. every   6. every   7. the boys 8. student
9. room   10. mothers

B
1. works   2. need   3. are   4. wants
5. is   6. give   7. gives   8. know

SENTENCE COMPLETION   P.42
1. (C)   2. (D)

1. A: 지난밤에 천둥소리 들었니?
   B: 아니, 난 밤새 아무 소리 듣지 못했는데.

   ◐ last night이라는 과거 표시어구가 있으므로 과거시제를 써야 한다.

2. A: 내가 어제 너를 봤을 때, 넌 어디를 가고 있었니?
   B: 난 도서관에 가고 있었어.

   ◐ 이미 먼저 진행되고 있었던 동작에는 과거진행형을 쓰고 나중에 짧게 일어난 동작은 과거시제를 써서 표현한다. 따라서 see의 과거인 saw를 써야 한다.

SITUATIONAL WRITING   P.42
1. (B)   2. (D)

1. 교실에 있는 모든 학생들이 일본어를 공부하고 있다.

   ◐ All of 뒤에는 복수명사를 쓰고, 주어가 복수이므로 be동사 또한 are를 써야 한다.

2. 지난밤 Sunny가 자고 있는데 자명종이 울렸다.

   ◐ 어떤 행위보다 더 먼저 하고 있던 동작은 과거진행형을 써서 표현한다.

GRAMMAR FOR TEPS   P.43
1. (b)   2. (c)   3. (d)

1. 이웃 사람들이 찾아왔을 때 나는 저녁식사를 하고 있었다.

   ◐ 이웃 사람들이 찾아온 것보다 그 이전에 먼저 식사를 하고 있었으므로 과거진행형을 쓴다.

2. 전 세계의 모든 사람들이 춤추는 것을 즐깁니까?

   ◐ 주어가 복수이므로 Do를 문장 맨 앞에 써서 의문문을 만든다.

3. A: 내가 문을 두드리고 있을 때 너는 뭐하고 있었니?
   B: 나는 전화로 얘기하고 있었어.

   ◐ 문을 노크하기 전에 이미 먼저 하고 있던 행위를 물어보므로 과거진행형을 쓴다.

WRITING ACTIVITY!   P.44

A
1. What was Peter doing?
  - He was walking on the beach.
2. What was Lisa doing?
  - She was playing the drum.
3. What was Karen and Mary doing?
  - They were jogging.

B
1. was playing / broke   2. was brushing / arrived
3. was sleeping / rang   4. was waiting / began

C
1. Every student learns Spanish.
2. Every woman speaks excellent English.
3. Every turtle is slow.
4. Every plant grows well in the garden.

D
1. all day   2. all day   3. every day 4. every day

1. It was raining / we went out
2. I was walking in the street, I got a phone call
   from my best friend

1. Peter는 뭐하고 있었니? – 그는 해변을 걷고 있었어.

   ○ '의문사 + be동사 + 주어 + v-ing?'로 의문문을 만들고 주어가 남자 3인칭 단수이므로 He was walking on the beach. 로 대답한다.

2. Lisa는 뭐하고 있었니? – 그녀는 드럼을 치고 있었어.

   ○ '의문사 + be동사 + 주어 + v-ing?'로 의문문을 만들고 주어가 여자 3인칭 단수이므로 She was playing the drum.으로 대답한다.

3. Karen과 Mary는 뭐하고 있었니? – 그들은 조깅하고 있었어.

   ○ '의문사 + be동사 + 주어 + v-ing?'로 의문문을 만들고 주어가 복수이므로 they를 이용하여 They were jogging.으로 대답한다.

1. Susan이 축구를 하고 있는데 안경이 부서졌다.

2. 내가 집에 도착했을 때 엄마는 양치질을 하고 계셨다.

3. 전화가 울릴 때 Tom은 자고 있었다.

4. 비가 내리기 시작할 때 Kathy는 버스를 기다리고 있었다.

   ○ 먼저 그 이전에 진행 중인 동작은 과거진행형으로 쓰고 나중에 중간에 끼어드는 행위는 과거시제를 쓴다.

1. 모든 학생들은 스페인어를 배운다.

2. 모든 여자들은 영어를 아주 잘 한다.

3. 모든 거북이는 느리다.

4. 모든 식물은 정원에서 잘 자란다.

1. 어제 하루 종일 눈이 내렸다.

   ○ 어제 하루를 말하므로 하루 종일의 의미인 all day를 쓴다.

2. 엄마가 어제 아프셔서, 하루 종일 침대에 계셨다.

   ○ 어제 하루를 의미하므로 all day를 쓴다.

3. 그는 매일 우유를 네 잔 정도 마신다.

   ○ 현재시제 drinks는 어제도 오늘도 내일도 우유를 마신다라는 뜻이 내포되므로 every day를 쓴다.

4. 작년에 우리는 일주일 동안 제주도에 갔다. 그리고 매일 비가 내렸다.

   ○ 일주일 즉, 월, 화, 수, 목 …처럼 '매일'을 의미하므로 every day를 쓴다.

1. 우리가 밖에 나갔을 때 비가 내리고 있었다.

   ○ 비고 내리고 있었던 행위가 먼저이므로 과거진행형을 쓰고 밖으로 나간 것은 중간에 일어난 짧은 행위이므로 과거시제를 쓴다.

2. 길을 걷고 있던 나는 친한 친구로부터 전화를 받았다.

   ○ 길을 걷고 있던 행위가 먼저이므로 과거진행형을 쓰고 전화를 받은 행위는 중간에 일어난 짧은 행위이므로 과거시제를 쓴다.

중학 내신 뛰어넘기   P.46

1. ⑤   2. ①   3. ④
4. Bill was having dinner / the cell phone rang
5. Robert was watching TV / his friends arrived
6. ③   7. ⑤   8. ②   9. ⑤

1. A: 나는 지난주에 콘서트에 갔었어. 너는?
   B: 나는 아빠랑 정말 즐거운 시간을 가졌어. 우리는 공원에서 야구를 했어.
   A: 네 형도 거기에 있었니?
   B: 아니, 그는 친구들하고 영화보러 갔어.

   ○ 지난주(last week)이므로 모든 시제는 과거를 써야 하는데 ⑤번에 goes 현재동사가 있다. goes를 went로 바꿔야 한다.

2. 우리 학교에 있는 모든 학생들은 휴대폰을 가지고 있다.

   ○ 모든 학생들이므로 'All + 복수명사' 또는 'Every + 단수명사'가 되어야 한다. 동사 has가 단수이고 명사 student가 단수이므로 빈칸은 Every를 써야 한다.

3. A: 어젯밤 9시에 John은 자고 있었니?

B: 아니, 그는 인터넷을 하고 있었어.

　　◐ 어제 특정한 시간에 진행 중인 동작을 나타내므로 과거진행형을 써야 한다. 또 주어가 단수(He)이므로 be동사 was를 써서 was surfing을 써야 한다.

4. Bill이 저녁식사를 하고 있는데, 휴대전화가 울렸다.

　　◐ 저녁식사를 하고 있는 중간에 휴대전화가 울린 것이므로 저녁식사를 과거진행(was having)으로 쓰고 나중에 일어난 행위는 과거(rang)를 쓴다.

5. Robert의 친구들이 도착했을 때 그는 TV를 보고 있었다.

　　◐ TV를 보고 있었던 행위가 먼저이므로 과거진행형을 쓰고 (was watching) 친구들이 도착한 것이 나중에 일어난 일이므로 과거시제(arrived)를 쓴다.

6. ① 모든 동물들은 인간처럼 산소가 필요하다.

② 우리는 매일 열심히 공부했다.

③ 모든 사람들은 문제를 가지고 있다.

④ 나는 매일 아침 7시에 일어난다.

⑤ 모든 사람들이 모자를 쓰고 있다.

　　◐ ① 'All + 복수명사 + 복수동사'를 써서 틀린 부분이 없다. ② 하루 종일(all day)과 매일(every day)이란 표현 모두 가능하다. 틀린 부분이 없다. ③ 'Every + 단수명사'는 동사 또한 단수동사를 써야 한다. have를 has로 고쳐야 한다. ④ 매일 아침(every morning) 표현은 자연스럽다. ⑤ 'All + 복수명사' 그리고 be동사 are을 써서 틀린 표현이 없다.

[7-8]

갑자기 버스가 정류장을 떠나려고 했을 때 나는 학교에 가고 있었다. 내가 뛰어가고 있는데, 무언가 나를 세게 부딪쳤고, 나는 넘어졌다. 그것은 자전거를 타고 있던 내 친구 Bob이었다.

7. ◐ 뛰고 있었던 상황이 먼저이고 무언가에 부딪힌 것이 나중에 일어난 일이므로 was running, hit를 써야 한다.

8. ◐ 나중에 짧게 일어난 행위는 과거시제를 써야 하기 때문에 saw를 써야 한다.

9. ◐ ① likes를 like로 써야 한다. ② are을 is로 써야 한다. ③ was beginning을 began으로 바꾸고 walked를 were walking으로 써야 한다. ④ is를 are로 써야 한다.

STOP! 반드시 짚고 넘어가자!　　　**P.48**

1. 과거진행 / 과거시제　　　2. 단수 / 복수

3. 단수 / 복수

REVIEW TEST for Chapter **1~3**　　p.49

1. she isn't / She is watching TV.
2. they weren't / They were painting the wall.
3. she isn't / She is playing the flute.
4. she isn't / She is wearing a white dress.
5. These apples are mine.
6. Those boxes are very heavy.
7. any
8. some
9. much
10. a few
11. We don't have much money.
12. There aren't many books on the table.
13. were having dinner / he arrived at home
14. ②
15. ②
16. ①
17. Susan is a kind librarian. / Susan is kind.
18. A penguin is a funny animal.
    A penguin is funny.
19. Where does Jane eat lunch every day?
20. When do you usually eat breakfast?

Chapter 4 미래시제 / 부사

UNIT 1   P.55

A

1. rain   2. won't   3. Are   4. sell   5. visit

B

1. Kevin is not going to paint his house.
   Is Kevin going to paint his house? / he is
2. We are not going to travel to Europe this winter.
   Are we going to travel to Europe this winter?
   / we aren't
3. She won't go to the movie theater.
   Will she go to the movie theater? / she will
4. He won't answer the phone.
   Will he answer the phone? / he won't
5. Peter is not going to wash his car.
   Is Peter going to wash his car? / he is

UNIT 2   P.57

A

1. good   2. late   3. hard   4. high
5. early   6. happy   7. angry   8. fast

B

1. really   2. late   3. fast   4. kind   5. well

C

1. My mom always gets up early.
2. We usually have breakfast.
3. Kevin is sometimes late for school.
4. Jason isn't always late for school.
5. Is she always happy?
6. Do you often keep in touch with Bob?

SENTENCE COMPLETION   P.58
1. (B)   2. (A)

1. A: Jane은 어떤 사람이니?
   B: 그녀는 꼼꼼한 사람이야.

   ⊙ '관사 + 형용사 + 명사' 의 어순으로 쓴다.

2. A: 오늘 밤에 뭐할 예정이니?
   B: TV를 볼 거야.

   ⊙ 마음속에 미리 결정한 일을 말할 때는 will 대신 be going to를 써서 표현한다.

SITUATIONAL WRITING   P.58
1. (A)   2. (D)

1. 그 소년은 항상 모자를 쓴다.

   ⊙ 그림에서 보면 소년이 모자를 쓰고 있다. 모자를 쓰다 (wears a hat)라는 표현에서 빈도부사는 일반동사 앞에 쓴다.

2. 그 학생들은 곧 점심을 먹을 것이다.

   ⊙ 가까운 미래에 곧 일어날 상황에도 be going to를 쓴다. 주어가 복수(students)이므로 are going to를 쓴다.

GRAMMAR FOR TEPS   P.59
1. (d)   2. (a)   3. (d)

1. A: 다음 주 토요일에 Kathy가 피아노를 연주하나요?
   B: 아니요, 그녀는 동물원에 방문할 거예요.

   ⊙ be going to로 물으면 대답 또한 be going to로 답한다. 예정된 일 또는 결심한 일을 물어본다.

2. 비가 많이 내린다.

   ⊙ 형용사인지 부사인지 구별하는 문제가 많이 나온다. 형용사는 문장에서 보어가 되거나 명사를 꾸며 주고, 부사는 명사 외에 다른 품사를 꾸며 주게 된다. 여기서는 raining이라는 동사를 꾸며 주는 것으로 부사가 알맞다. 조심할 것은 hard가 형용사와 부사 모두 다 된다는 것. 따라서 정답은 (a)이다.

3. 아이스크림이 빠르게 녹았다.

   ⊙ fast는 형용사와 부사의 형태가 같다. 동사 melted를 수식해 주는 부사가 필요하다. fastly라는 단어는 없다. 따라서 정답은 (d)

WRITING ACTIVITY!   P.60

A

1. They are going to play soccer.
2. I am going to watch TV.
3. He is going to read some books.

1. She always sings a song in the morning.
2. He has a new computer.
3. Wilson is often in the library on Sunday.
4. Emily dances very well.

1. I will take a jumper with me.
2. I will eat this cake.
3. I will go to bed early.
4. I will buy it.

1. she going to play tennis tomorrow / she is
2. Bob going to meet his friends next Monday /
   He is going to listen to music.

1. 이번 토요일에 그들은 뭐할 예정이니?
   그들은 축구를 할 거야.

   ◐ 주어가 복수(they)이므로 They are going to play soccer.로 문장을 완성한다.

2. 오늘 밤 어떤 계획이라도 있니?
   나는 TV를 볼 거야.

   ◐ you로 묻고 있으므로 I로 대답한다. 따라서 I am going to watch TV.로 문장을 완성한다.

3. 이번 일요일에 Tom은 무엇을 할 예정이니?
   그는 몇 권의 책을 읽을 거야.

   ◐ 주어가 단수(He)이므로 He is going to read some books.로 문장을 완성한다.

1. 그녀는 항상 아침에 노래를 부른다.
   ◐ 빈도부사는 일반동사 앞에 쓴다.

2. 그는 새 컴퓨터를 가지고 있다.
   ◐ 형용사는 명사(computer) 앞에 쓴다.

3. Wilson은 종종 일요일에 도서관에 있다.
   ◐ 빈도부사는 be동사 뒤에 쓴다.

4. Emily는 춤을 아주 잘 춘다.

   ◐ very는 부사이므로 다른 부사 well을 꾸며 준다. 따라서 well은 동사 dance를 수식하고 very는 well을 수식하여 very well로 쓴다.

1. 나는 잠바를 입을 거야.

   ◐ Will 뒤에 동사원형 take를 써서 문장을 완성한다.

2. 나는 매우 배가 고프다. 나는 이 케이크를 먹을 거야.

   ◐ will 뒤에 동사원형 eat을 써서 문장을 만든다.

3. 나는 매우 피곤하다. 나는 일찍 자러 갈 거야.

   ◐ 조동사 will 뒤에 동사원형 go를 써서 문장을 만든다.

4. 그것은 아름답다. 나는 그것을 살 거야.

   ◐ 조동사 will 뒤에 동사원형 buy를 써서 문장을 완성한다.

1. 그녀는 내일 테니스를 칠 건가요? – 네

   ◐ 이미 예정된 계획에는 be going to를 쓴다. 주어가 단수(she)이므로 be동사 is를 써서 Is she going to play tennis tomorrow?로 물어보고 Yes나 No로 대답한다.

2. Bob은 다음 주 월요일에 그의 친구들을 만날 건가요? – 아니요, 그는 음악을 들을 거예요.

   ◐ 주어가 단수(Bob)이므로 be동사 is를 써서 be going to로 의문문을 만든다. 다음 주 월요일에 대한 계획을 묻는 것이기 때문에 be going to로 의문문을 만든다. 주어진 표현에는 음악을 들을 예정이므로 He is going to listen to music.으로 문장을 완성한다.

중학 내신 뛰어넘기　　　　　　P.62
1. ③
2. Will Jason(he) sell
3. Korea is not going to win the next World Cup.
4. I am going to eat an apple.
5. She is going to wash her hands.
6. He is going to see a dentist.
7. They are going to go to bed early.

8. ③

9. ⑤

10. rarely drinks coffee

11. sometimes goes shopping

12. usually watches TV

13. always surfs the Internet

14. is often late for school

1. A: 당신은 항상 몇 시에 자러 가나요?

B: 음… 나는 주로 12:30에서 1시까지 잠을 자지 않아요. 그리고 6:30이나 7:00시에 일어나요.

➡ 빈도부사는 의문문일 때 주어 뒤에 위치한다.

2. Jason이 그의 차를 팔 건가요?

➡ Will을 문장 맨 앞으로 보내 의문문을 만든다.

3. 한국은 다음 월드컵에서는 이기지 못할 것이다.

➡ be동사 뒤에 not을 써서 부정문을 만든다.

4. 나는 매우 배가 고프다. – 나는 사과 한 개를 먹을 것이다.

➡ 주어가 I 이므로 am going to eat an apple을 쓴다.

5. Kelly의 손은 되게 더럽다. – 그녀는 손을 씻을 것이다.

➡ 주어로 단수 대명사(She)를 써야 하므로 is going to wash her hands로 쓴다.

6. 아빠는 이가 아프다. – 그는 치과 진찰을 받을 것이다.

➡ 주어로 단수 대명사(He)를 써야 하므로 is going to see a dentist로 쓴다.

7. 그들은 매우 피곤하고 졸리다. –그들은 일찍 자러 갈 것이다.

➡ 주어로 복수(They)이므로 are going to go to bed early로 쓴다.

8. 그 남자는 다음 주에(내일, 2시간 후에, 여름에) 런던으로 갈 거다.

➡ 앞으로 있을 계획은 미래를 나타내므로 과거 표현인 last summer와 함께 쓸 수 없다.

9. Lisa는 항상 일찍 일어난다. 그래서 그녀는 학교에 절대 지각하지 않는다.

➡ 항상(always) 일찍 일어나는 것이 원인에 해당하고, 학교에 늦지 않는 것이 결과에 해당하므로 빈칸은 always와 never가 들어가는 것이 알맞다.

10. Kevin은 거의 커피를 마시지 않는다.

➡ 빈도부사는 일반동사 앞에 쓴다. 주어가 단수이므로 동사 drinks로 쓴다.

11. 그는 때때로 쇼핑을 한다.

➡ 빈도부사는 일반동사 앞에 써야 하므로 sometimes를 goes 앞에 쓴다. 주어가 단수이므로 동사를 단수형인 goes를 써야 한다.

12. 그는 주로 TV를 시청한다.

➡ 빈도부사 usually를 일반동사 watches 앞에 쓴다. 주어가 단수이므로 동사를 단수형인 watches로 써야 한다.

13. 그는 항상 인터넷 서핑을 한다.

➡ always를 동사 surfs 앞에 쓴다. 주어가 단수이므로 동사를 단수형인 surfs로 써야 한다.

14. 그는 학교에 종종 늦는다.

➡ 빈도부사 often을 be동사 is 뒤에 쓴다. late는 형용사이므로 be동사 is를 써서 He is often late for school.로 문장을 완성한다.

STOP! 반드시 짚고 넘어가자! P.64

1. will / be going to   2. be going to

3. not   4. 앞 / 뒤

137

Chapter 5 문장의 종류

A

1. is   2. are   3. Are
4. Is   5. some pictures 6. a window
7. is   8. buildings

B

1. Is there / Yes, there is.
2. Are there / Yes, there are.

C

1. There isn't a big tree in the yard.
2. There aren't a lot of accidents on this road.
3. There isn't a snake on the grass.

A

1. Be   2. Open   3. Put
4. Close   5. Do   6. Be

B

1. Let's not go to the park.
2. Do your homework.
3. Don't be late for school.
4. Let's go to the movie theater.
5. Brush your teeth after dinner.
6. Let's not buy the car.

C

1. or   2. or   3. and   4. and   5. and

SENTENCE COMPLETION   P.70
1. (B)   2. (C)

1. 조용히 해! 네 형을 깨우지 마. 그는 매일 밤 숙제하느라 늦게까지 잠을 안 자.

   ◑ 깨우지 마라는 뜻의 부정명령문이 되어야 한다. 문장 맨 앞에 'Don't + 동사원형'을 쓴다.

2. A: 이 도시에 박물관이 두 개 있니?
   B: 아니, 하지만 미술관은 하나 있어.

◑ 소녀의 대답에서 정보를 얻어야 한다. 대답을 No, there aren't.로 했으므로 질문이 Are there ~?의 복수형이 되어야 한다.

SITUATIONAL WRITING   P.70
1. (D)   2. (D)

1. 레스토랑 안에 세 명의 여자가 있다.

   ◑ 세 명이므로 복수형인 'There are + 복수명사'가 되어야 한다. woman의 복수형은 불규칙 형태인 women을 쓴다.

2. 호수에 많은 물이 있다.

   ◑ 셀 수 없는 명사(water)는 그 양이 아무리 많아도 단수 취급한다. 따라서 There is a lot of water in the lake.를 쓴다. is대신 are을 쓰지 않도록 한다.

GRAMMAR FOR TEPS   P.71
1. (d)   2. (d)   3. (d)

1. 오늘 밤에 가지 말자. 우리는 내일까지 숙제를 끝내야 해.

   ◑ 말하는 상대자와 내가 포함되어 있을 때는 'Let's + 동사원형'을 쓴다. 부정 표현인 '~하지 말자'는 Let's 뒤에 not을 붙여 쓴다.

2. A: 굉장히 춥다. 우린 오늘 수영할 수 없어.
   B: 해수욕장에 가지 말자.

   ◑ (a)의 Don't go는 나를 포함하지 않은 상태에서 상대방에게 명령하는 문장이다. 나를 포함한 우리가 '~하자, ~하지 말자' 라고 말할 때는 Let's를 쓴다.

3. 시험을 위한 공부 방법이 많이 있다. 매일 조금씩 공부해라. 모든 것을 하루 만에 복습하지 마라. 조용한 방에 앉아라. 30분간 공부하고 5분간 휴식을 취해라. 시험 전에는 일찍 잠자리에 들어라. 긴장하지 마라. 시험 전에 긴장을 풀어라.

   ◑ (d)의 명령문의 부정은 일반동사와 be동사 모두 Don't를 쓴다. Be not get을 Don't get으로 써야 한다.

WRITING ACTIVITY!   P.72

A

1. There isn't a book on the desk.
2. Are there any pineapples in the basket?
   / there are
3. Is there a lot of snow at the top of the mountain?

/ there isn't
4. There aren't a lot of trees in the garden.
5. Is there any juice in the bottle? / there is

1. Don't sleep
2. Don't use your cell phone
3. Be quiet

1. Let's go to the movie theater.
2. Let's buy her a present.
3. Let's not take the bus.

1. Are there / No, there aren't
   / There are three women
2. There are two spoons on the table.
3. Are there / No, there aren't.
   / There are three eggs

1. 책상 위에 책이 없다.

   ◉ 부정문은 be동사 뒤에 not을 붙여 There isn't ~로 쓴다.

2. 바구니 안에 파이애플이 조금 있나요? 네, 있어요.

   ◉ be동사를 문장 맨 앞으로 보내어 의문문을 만든다. 대답도 Yes/No와 함께 there be로 대답한다. some은 긍정문에 쓰고 의문문에는 some을 any로 바꿔 쓴다.

3. 산꼭대기에 많은 눈이 있나요? 아니요, 없습니다.

   ◉ be동사 Is를 문장 맨 앞에 써서 의문을 만들고 No, there isn't.로 대답한다.

4. 정원에 나무들이 많지 않다.

   ◉ 부정문은 be동사 뒤에 not을 써서 만든다.

5. 병 안에 약간의 주스가 있나요? 네, 있어요.

   ◉ 의문문에서는 some을 any로 고쳐 쓴다. Be동사를 문장 맨 앞으로 보내 의문문을 만들고 대답 또한 be동사로 답한다.

1. 교실에서 잠을 자지 마라.

   ◉ 부정명령문은 Don't sleep ~으로 표현한다.

2. 교실에서 휴대폰을 사용하지 마라.

   ◉ 부정명령문은 Don't use ~로 표현한다.

3. 교실에서 조용히 해라.

   ◉ quiet는 형용사이므로 Be quiet in class.로 명령문을 만든다.

1. 나는 극장에 가는 것을 좋아한다. – 극장으로 가자.

   ◉ 'Let's + 동사원형'을 써야 하므로 Let's go ~로 쓴다.

2. 오늘 Linda의 생일이야. – 그녀의 선물을 사러 가자.

   ◉ 'Let's + 동사원형'을 쓰므로 Let's buy ~로 쓴다.

3. 그 버스는 항상 늦는다. – 그 버스를 타지 말자.

   ◉ Let's 뒤에 not을 써서 '~하지 말자' 라는 부정 표현을 만든다.

1. 레스토랑 안에 열 명의 여성들이 있나요? – 아니요, 세 명 있어요.

   ◉ 복수명사(ten women)이 주어이므로 Are there ~?로 의문문을 만들고 대답 또한 복수형인 No, there aren't.로 한다. 세 명의 여자(three women)도 복수명사이므로 There are three women in the restaurant.으로 문장을 완성한다.

2. 탁자 위에 숟가락이 몇 개 있나요? – 두 개 있어요.

   ◉ 숟가락이 두 개(two spoons), 복수명사이므로 'There are + 복수명사'로 문장을 완성한다.

3. 유리그릇 안에 달걀이 네 개 있나요? – 아니요, 세 개 있어요.

   ◉ 주어가 복수명사(four eggs)이므로 Are there ~?로 의문문을 만들고 대답 또한 be동사의 복수인 are를 사용하여 No, there aren't.로 대답한다. 계란은 세 개 있으므로 There are three eggs in the glass.로 문장을 완성한다.

중학 내신 뛰어넘기   P.74

1. There are two forks on the table.
2. There is a bowl on the table.
3. There is a spoon on the table.
4. There are two dishes on the table.
5. Let's

6. There are
7. Don't drink much coffee.
8. Let's paint the door tomorrow.
9. Let's write a letter to our parents.
10. ③
11. There are two cats under the table.
12. Don't be so angry.
13. Let's go home and study.
14. ③

1. 테이블 위에 포크가 두 개 있다.

   ◐ 주어가 복수명사(two forks)이므로 There are two forks on the table.로 문장을 완성한다.

2. 탁자 위에 사발이 한 개 있다.

   ◐ 주어가 단수(a bowl)이므로 There is a bowl on the table. 로 문장을 완성한다.

3. 탁자 위에 숟가락이 한 개 있다.

   ◐ 주어가 단수(a spoon)이므로 There is a spoon on the table.로 문장을 완성한다.

4. 탁자 위에 접시가 두 개 있다.

   ◐ 주어가 복수(two dishes)이므로 There are two dishes on the table.로 문장을 완성한다.

5. ◐ 나를 포함해서 '함께 ~하자' 라는 말은 'Let's + 동사원형' 을 쓴다.

6. ◐ '있다, 존재하다' 를 나타내는 표현은 there be를 쓴다. 주어가 복수(many pencils)이므로 There are가 빈칸에 들어가야 한다.

7-9. ◐ 제안문은 'Let's + 동사원형' 을 쓰고, 부정제안문은 'Let's + not + 동사원형' 을 쓴다. 상대방에게 '~하지 마라' 라고 부정명령을 할 때는 'Don't + 동사원형' 을 쓴다.

10. 빨간불이 켜졌어. 건너면 안 돼. 여기 이 호수는 매우 깊어. 여기서 수영하지 마세요.

   ◐ 동사원형 앞에 Don't를 넣어 부정명령문을 만들어야 한다.

11. ◐ 'There are + 복수명사 + 전치사 + 명사' 의 어순으로 영작한다.

12. ◐ 'Don't + 동사원형' 을 쓴다. be동사의 동사원형은 be이다.

13. ◐ 'Let's + 동사원형' 을 쓴다. 등위접속사 and 뒤에도 동사원형을 일치시켜야 한다.

14. Kevin: 화내지 마! 넌 괜찮을 거야.

   Lisa: 고마워, 길을 걷고 있을 때 택시를 보지 못했어.

   Kevin: 다음번엔 조심해. 몸조심해.

   ① 너 자신을 자랑스럽게 생각해라.

   ② 행복해라.

   ③ 조심해라.

   ④ 웃어라.

   ⑤ 조용히 해라.

   ◐ 내용상 '조심하라' 는 충고를 해 주어야 한다.

STOP! 반드시 짚고 넘어가자!   P.76

1. 단수 / 복수   2. not
3. 앞 / there be / there be not
4. 동사원형 / Be   5. Don't   6. Let's / not

Chapter 6 전치사(장소)

UNIT 1 P.79

A

1. on   2. at   3. in   4. on

B

1. in her room   2. on the third floor
3. in New York   4. on her finger
5. in this river   6. on the grass
7. in the world

UNIT 2 P.81

A

1. into   2. along   3. across   4. out of

B

1. behind   2. across   3. along   4. into
5. between

SENTENCE COMPLETION P.82

1. (A)   2. (C)

1. A: 자유의 여신상이 어디에 있는지 아니?
   B: 그것은 뉴욕에 있어.

   ⟳ 도시, 나라 이름같이 비교적 넓은 장소에는 전치사 in을 쓴다.

2. A: 어디에서 나를 기다리고 있었니?
   B: 버스정류장에서 기다리고 있었어.

   ⟳ 비교적 좁은 장소나 구체적인 장소에는 전치사 at을 사용한다.

SITUATIONAL WRITING P.82

1. (C)   2. (A)

1. 그들은 오솔길을 따라 자전거를 타고 있다.

   ⟳ 그림에서 자전거를 타고 있기 때문에 (B)와 (D)는 답과 거리가 멀다. (a)는 주차장으로 자전거를 타고 들어가는 상황이 아니므로 정답은 (C)가 된다.

2. 한 여자가 창문 앞에서 신문을 읽고 있다.

⟳ 창문 앞에 앉아 신문을 읽고 있으므로 정답은 (A)가 된다. (D)에서 under the table이 아닌 at the table이 되면 정답이 된다.

GRAMMAR FOR TEPS P.83

1. (d)   2. (b)   3. (c)

1. A: Nancy가 어디로 사라졌니?
   B: 그녀는 길 건너편에 있는 커피숍으로 갔어.

   ⟳ 빈칸 뒤의 명사 the street와 함께 '건너편에 있는'이란 뜻으로 across the street가 올바른 표현이다. (a)는 '~안으로'의 의미, (c)는 출신이나 출처, (b)는 방향을 나타내므로 모두 문맥이 어색하다.

2. 그들이 식당에서 걸어 나왔을 때 버스 정류장에 서 있는 귀신을 봤다.

   ⟳ 안에서 바깥으로의 의미이므로 out of이다. from은 출발점을 의미한다.

3. A: 너하고 Lisa는 같은 수업을 듣니?
   B: 아니, 내 수업은 오전이고, 그녀의 수업은 오후에 있어.
   A: 들어 봐. 나는 지금 카페테리아에 가는 길이야. 함께 점심을 먹자.
   B: 좋아, 가자.

   ⟳ on the way '~로 가는 길에'의 뜻. on one's way로도 쓴다. one's는 my, your, his, her 등의 인칭대명사의 소유격을 말한다. 따라서 (c)의 me를 my로 고쳐야 한다.

WRITING ACTIVITY! P.84

A

1. under   2. on

B

1. In the hospital.   2. At the airport.
3. On a horse.   4. At a party.

C

1. Wilson lives in that house.
2. She stands behind the tree.
3. The bank is between the bookstore and the post office.
4. Santa Claus comes with many presents through the chimney.
5. The students walk across the crosswalk.
6. A ghost runs down the hill.

1. Is there / There is a man in front of the window.
2. Are there / There is a girl under the tree.

A

1. 나무 아래에 아이들이 있다.

   ○ '~아래'의 전치사는 under를 쓴다.

2. 그들은 잔디 위에 앉아 있다.

   ○ 표면 위에 접촉해 있는 것은 모두 전치사 on을 쓴다.

B

1. 그녀는 어디에 있니? – 병원에 있어.

   ○ 건물이나 구체적인 공간 안에 있을 때 전치사 in을 쓴다.

2. 그는 어디에 있니? – 공항에 있어.

   ○ 구체적인 장소 또는 비교적 좁은 장소는 전치사 at을 쓴다.

3. Karen은 어디에 있니? – 말 위에 있어.

   ○ 말이나 자전거와 같은 탈것에 타고 있을 때는 전치사 on을 쓴다.

4. 그 아이들은 어디에 있니? – 파티하는 곳에 있어.

   ○ 비교적 좁은 구체적인 장소에는 전치사 at을 쓴다.

C

1. ○ 주어가 3인칭 단수(Wilson)이므로 동사 live를 lives로 쓰고 건물이나 구체적인 공간 안에 있는 것이므로 전치사 in을 써서 문장을 완성한다.

2. ○ 그녀는 3인칭 단수(She)이므로 동사 stands를 쓰고 '~뒤에'라는 표현의 전치사 behind를 써서 문장을 완성한다.

3. ○ between A and B를 이용해서 between the bookstore and the post office로 문장을 완성한다.

4. ○ '~을 통하여'라는 전치사 through를 써서 문장을 완성한다.

5. ○ '~을 가로질러'의 표현인 across를 써서 문장을 완성한다. 주어가 복수이므로 동사 walks로 쓰지 않는다.

6. ○ '~아래'의 표현인 down the hill로 문장을 완성한다.

1. 문 옆에 남자 한 명이 있니? – 아니, 창문 앞에 있어.

   ○ 남자가 창문 앞에 있으므로 '~앞에'의 표현인 in front of 를 써서 문장을 완성한다.

2. 나무 아래 두 명의 소녀가 있니? – 아니, 소녀 한 명이 있어.

   ○ 나무 아래에 한 명의 소녀가 앉아 있으므로 under the tree를 이용하여 문장을 완성한다.

중학 내신 뛰어넘기		P.86
1. ①	2. ①	3. ②
4. next to	5. across	6. across
7. between / and	8. between / and	
9. next to	10. in front of	11. in front of
12. in	13. on	14. on
15. behind	16. ③	
17. On the(her) way home		18. ⑤

1. Kevin은 호수를 가로질러 수영하고 있다.

   ○ 호수에서 수영하고 있는 상황에서 나머지 ②, ③, ④, ⑤는 모두 the lake와 어울리지 않는다.

2. 우체국과 병원 사이에 은행이 있나요?

   ○ between A and B를 이용한 표현이다.

3. 그녀는 한 달 동안 서울에 머물 것이다.

   ○ 도시와 같이 비교적 넓은 장소에는 전치사 in을 쓴다.

4. 서점은 주유소 옆에 있다.

   ○ '~옆에'인 next to를 써서 문장을 완성한다.

5. 레코드 가게는 서점 건너편에 있다.

   ○ across from은 '~건너편에'라는 뜻이다.

6. 꽃가게는 피자헛 건너편에 있다.

   ○ across from은 '~건너편에'라는 뜻이다.

7. 서점은 도서관과 주유소 사이에 있다.

   ○ between A and B를 이용한다.

8. 레코드 가게는 피자헛과 레스토랑 사이에 있다.

   ○ between A and B를 이용한다.

9. 경찰서는 레스토랑 옆에 있다.

  ➡ '~옆에' 라는 next to를 이용한다.

10. 자전거는 레코드 가게 앞에 있다.

  ➡ '~앞에' 라는 in front of를 쓴다.

11. 자동차는 서점 앞에 있다.

  ➡ '~앞에' 라는 in front of를 쓴다.

12. A: Sunny는 어디에 있나요?

  B: 그녀의 방 안에 있습니다.

  ➡ 구체적인 공간 안에 있을 경우 전치사 in을 사용한다.

13. A: 그녀는 어디에 앉아 있나요?

  B: 그녀는 의자 위에 앉아 있어요.

  ➡ 사물이나 표면 위를 나타낼 때 전치사 on을 사용한다.

14. A: 컴퓨터는 어디에 있나요?

  B: 그것은 책상 위에 있어요.

  ➡ 사물이나 표면 위에 접촉해 있는 상태를 나타낼 때 전치사 on을 사용한다.

15. A: 나는 기타를 찾고 있다.

  B: 그것은 의자 뒤에 있다.

  ➡ 기타가 의자 뒤에 있으므로 전치사 behind를 사용한다.

16. 버스정류장에 많은 사람들이 있다.

  나는 지난 토요일 파티에서 Kathy를 만났다.

  ➡ 구체적인 장소를 나타낼 경우 전치사 at을 사용한다.

17. ➡ '~로 가는 길에' 의 뜻. on one's way로도 쓴다. one's는 my, your, his, her 등의 인칭대명사의 소유격을 말한다.

18. ➡ ⑤ 건너편이라는 표현은 across from을 쓴다. 따라서 ⑤번은 My house is across from the library.로 써야 한다.

STOP! 반드시 짚고 넘어가자! P.88
1. at   2. in   3. on
4. into / up / down / out of / through / across / under / behind
5. by / next to / beside / in front of / across from / between

Chapter 7 의문사

UNIT 1 P.91

A
1. Who   2. What   3. Whose   4. Which

B
1. Whose   2. are   3. do   4. Who
5. does   6. are   7. What   8. Which

UNIT 2 P.93

A
1. How often / She plays
2. How long / It takes
3. How much / It is

B
1. How many   2. How much   3. How much
4. How many   5. How many   6. How much

C
1. How many apples are there in the basket?
2. How many cars are there in the parking lot?
3. How many slices of bread does she eat?

SENTENCE COMPLETION P.94
1. (D)   2. (B)

1. A: 동물원에 얼마나 많은 호랑이들이 있니?

  B: 동물원에는 네 마리의 호랑이가 있어.

  ➡ '얼마나 많은' 의 수를 물어볼 때 How many를 쓴다. How much는 뒤에 셀 수 없는 명사를 쓴다.

2. A: 당신은 얼마나 자주 운동을 하나요?

  B: 거의 매일 해요.

  ➡ '얼마나 자주' 의 횟수를 물어볼 때 의문부사 How often을 쓴다.

SITUATIONAL WRITING P.94
1. (D)   2. (B)

1. 사과와 오렌지 중 어느 것을 더 좋아하니?

   ◗ 두 개 중에 하나를 선택하는 의문사는 Which를 쓴다.

2. 당신은 여기에 얼마나 오래 머물 예정인가요?

   ◗ 얼마나 오래인 '기간'을 물어보므로 How long을 써서 문장을 완성한다.

GRAMMAR FOR TEPS   P.95
1. (a)   2. (c)   3. (c)

1. A: 어느 TV가 마음에 드나요?

   B: 벽에 걸린 화면이 넓은 TV가 좋아요.

   A: 나도 그래요. 하지만 너무 비싸군요. 우린 그걸 살 만한 여유가 없어요.

   B: 음, 그 아래에 있는 큰 것은 어때요?

   ◗ (a)에서 What은 정해지지 않은 것을 물을 때 사용하고 Which는 정해진 두 가지 이상의 것 중 선택할 때 사용하는 의문사이다. 따라서 정해진 것 중 화면이 넓은 TV가 좋다고 말하는 B의 대화에 따라, (a)에 What은 Which를 써서 Which TV do you like?로 물어야 한다.

2. A: 이것이 당신의 자전거인가요?

   B: 아니요.

   A: 누구의 자전거인가요?

   B: 그것은 Nancy의 자전거예요.

   ◗ (c)의 How many를 의문형용사 Whose로 바꿔야 한다. 대화에서 누구의 자전거라는 답을 마지막에 하는 것을 봐서도 (c)는 Whose bicycle is it?으로 의문문을 만들어야 한다.

3. A: Sunny는 우유를 얼마나 많이 마시나요?

   B: 그녀는 네 잔을 마셔요.

   ◗ milk는 셀 수 없는 명사이다. 따라서 빈칸은 How much를 써서 그 양이 얼마나 되는지를 묻는 의문문이 되어야 한다.

WRITING ACTIVITY!   P.96
A
1. Whose oranges are those?
2. Whose ball is that?
3. Whose cell phone is this?

B
1. Where are they sitting?
2. What are they drinking?
3. Where are they sitting?

C
1. How tall are you?
2. How often do you study Japanese?
3. How old is your father?
4. How far is it

D
1. How many roses are there in the vase?
2. How much sugar do you need?
3. How many teachers are there in the classroom?
4. How much milk do you drink?
   I drink two glasses of milk.

A
1. 저것들은 누구의 오렌지이니? – Ted꺼야.

   ◗ Whose oranges를 쓰고 주어가 복수(those)이므로 be동사 are을 이용하여 Whose oranges are those?로 문장을 영작한다.

2. 저것은 누구의 공이니? – 그것은 Kevin꺼야.

   ◗ Whose ball로 쓰고 주어가 단수(that)이므로 be동사 is를 이용하여 Whose ball is that?으로 문장을 영작한다.

3. 이것은 누구의 휴대폰이니? – 그것은 Sandra꺼야.

   ◗ Whose cell phone을 쓰고 주어가 단수(this)이므로 be동사 is를 이용하여 Whose cell phone is this?로 문장을 영작한다.

B
1. 그들은 레스토랑에 앉아 있다. – 그들은 어디에 앉아 있나요?

   ◗ in a restaurant은 장소를 나타내므로 의문사 where를 문장 맨 앞에 써서 의문문을 만든다.

2. 그들은 커피를 마시고 있다. – 그들은 무엇을 마시고 있나요?

   ◗ coffee는 '무엇'에 해당하므로 의문사 What을 문장 맨 앞에 써서 의문문을 만든다.

3. 그들은 의자에 앉아 있다. – 그들은 어디에 앉아 있나요?

   ◗ on chairs 또한 앉아 있는 장소이므로 의문사 Where를 문장 맨 앞에 써서 의문문을 만든다.

C
1. 당신은 키가 얼마나 되나요? – 175입니다.

⊙ 대답에서 신장(키)를 말하므로 How tall are you?로 의문문을 만든다.

2. 당신은 일본어를 얼마나 자주 공부하나요? – 일주일에 세 번 공부해요.

⊙ 대답문에서 일주일에 세 번(three times a week)이라는 횟수를 말하므로 How often do you study Japanese?로 의문문을 만든다.

3. 여기에서 도서관까지 얼마나 먼가요? – 약 2km정도에요.

⊙ 대답문에서 거리를 말하고 있으므로 How far is it~?으로 의문문을 만든다.

D

1. 얼마나 많은 장미들이 꽃병에 있나요? – 꽃병에는 세 개의 장미가 있어요.

⊙ roses는 셀 수 있는 명사이므로 How many + roses를 쓴다. 대답문이 There are ...로 답하므로 there be를 이용한 의문문을 만들어 How many roses are there in the vase?로 문장을 완성한다.

2. 당신은 얼마나 많은 설탕이 필요한가요? – 나는 2파운드 필요합니다.

⊙ sugar(설탕)은 셀 수 없는 명사이므로 How much + sugar ~?로 의문문을 만든다.

3. 교실에는 얼마나 많은 선생님들이 계신가요? – 교실에 두 명의 선생님이 계십니다.

⊙ teachers(명사)는 셀 수 있는 명사이므로 How many + teachers ~?로 문장을 완성한다.

4. A: 당신은 매일 우유를 마시나요?
B: 네.
A: 얼마나 많은 우유를 마시나요?
B: 나는 우유 2컵을 마셔요.

⊙ 주어진 정보가 two glasses of milk이므로 얼마나 많이 마시는지를 물어보아야 한다. 우유는 셀 수 없는 명사이므로 How much를 이용하여 How much milk do you drink?로 물어본다. 대답 또한 I drink two glasses of milk.로 대답한다.

중학 내신 뛰어넘기　　　　　　P.98
1. ②　　　2. ③　　　3. ④　　　4. ④
5. Where is Seo-yoon sitting?
6. Who is playing tennis with Bob?

7. What is Sunny studying?
8. ②　　　9. ③　　　10. many　　　11. ①

1. 이것은 누구의 모자니? – 그것은 그녀의 것이야.

⊙ 대답(It's hers.)이 소유관계를 나타내므로 모자(hat) 앞에는 소유형용사인 Whose가 알맞다.

2. 당신은 어느 신발을 더 좋아하나요? – 나는 빨간색이 더 좋아요.

⊙ 어느 것 중 하나를 선택하는 의문문이므로 의문사 Which를 쓴다.

3. 당신은 얼마나 자주 쇼핑을 하나요? – 일주일에 한 번 해요.

⊙ 횟수를 묻고 있으므로 의문부사 How often을 쓴다.

4. ⊙ ④번에서 에베레스트 산이 얼마나 높은지를 묻고 있는데 대답은 2마일 정도(About two miles)라는 거리의 정도를 대답하고 있어서 틀리다. 올바른 대답은 Almost 9,000 meters.라고 하면 된다.

5. 서윤이는 벤치에 앉아 있다. – 서윤이는 어디에 앉아 있나요?

⊙ on the bench는 장소이므로 where를 써서 의문문을 만든다.

6. Kelly는 Bob과 함께 테니스를 치고 있다. – 누가 Bob과 함께 테니스를 치고 있나요?

⊙ Kelly는 사람이고 주어에 해당하므로 Who를 써서 문장을 완성한다.

7. Sunny는 수학을 공부하고 있다. – Sunny는 무엇을 공부하고 있나요?

⊙ math는 '무엇'에 해당하므로 what을 써서 What is Sunny studying?으로 문장을 완성한다.

8. 당신은 어디를 가고 있나요?

⊙ 장소를 물어보는 where를 써서 물어보므로 ②번과 같이 식료품 가게에 간다는 구체적인 장소를 대답해야 한다.

9. 그녀는 얼마나 많은 빵을 먹나요?

⊙ How many를 이용하여 몇 조각을 먹는지를 묻고 있다. ③번과 같이 She eats two slices of bread.(그녀는 빵 두 조각을 먹는다.)가 알맞은 대답이 된다. bread 자체는 셀 수 없는 명사이지만 slice와 같이 셀 수 있는 단위의 도움을 받을 경우 How many로 문장을 만든다.

A: 상어는 얼마나 많은 이빨을 가지고 있니?

B: 300에서 400사이

A: 왜 그들은 그렇게 많은 이를 가지고 있지?

B: 그들은 큰 물고기를 먹어. 때때로 사람들도 먹지.

A: 그러면 그들은 언제 사냥을 해?

B: 밤에 사냥해.

10. ◐ 빈칸 뒤에 모두 셀 수 있는 명사의 복수형인 teeth(tooth의 복수형)가 있으므로 many를 빈칸에 쓸 수 있다.

11. ◐ ① 사람을 먹는 이유에 대해서는 언급한 적이 없다.

STOP! 반드시 짚고 넘어가자!   P.100

1. (개)수 / 양   2. 셀 수 있는 / 셀 수 없는

3. long / often / old / far / tall

4. which / what

REVIEW TEST for Chapter 4~7   p.101

1. I am going to play basketball.

2. Tiffany is going to go shopping with her mom.

3. He is going to study abroad.

4. They are going to buy some books.

5. quietly

6. excellent / well

7. fast

8. We often go to the beach in summer.

9. Wilson usually doesn't play basketball on the weekend.

10. Wash your hands before dinner.

11. Let's not go to the park.

12. Let's go to the movie theater.

13. Are there / in
No, there aren't. There are four birds.

14. Are there / under
No, there aren't. There are three children.

15. Whose shoes are those?

16. How often do you go shopping?

17. How old is your mother.

18. How many friends do you have?

19. How tall is Dabotap?

20. How far is it

FINAL TEST   p.104

1. Kevin isn't watching a movie.
Is Kevin watching a movie?

2. The children weren't swimming in the pool.
Were the children swimming in the pool?

3. were walking / started

4. called / was watching

5. was driving / rang

6. they aren't

7. he will

8. There is

9. There is

10. There are

11. There are

12. Let's go to the movie theater.

13. Let's not go to the zoo.

14. Wash your hands before dinner.

15. Don't eat chocolate too much.

16. They(The children) are at a party.

17. She is under the tree.

18. these

19. Those

20. A ghost stands behind the tree.

21. The bookstore is between the bank and the post office.

22. Santa Claus comes with many presents through the chimney.

23. some

24. any

25. some / any

26. a lot of

27. many

28. much

29. few

30. a little

31. little

32. a few

33. thirsty / cool

34. big / tall

35. are busy

36. is unkind

37. How often / She plays

38. How long / It takes

39. How much / It is

40. When do they have lunch

41. Why does Tiffany study Korean

WORKBOOK Answer Key

Unit 1

A

1. Some people aren't(are not) standing under the tree. / Are some people standing under the tree? / they aren't

2. She wasn't(was not) smiling kindly. / Was she smiling kindly? / she was

3. The woman isn't(is not) drinking milk. / Is the woman drinking milk? / she isn't

B

1. She was taking a picture.
2. Kelly was drawing a painting.

Unit 2

A

1. When   2. What   3. Where   4. How

B

1. When do you usually go to bed?
2. Where did you go after school?

Unit 1

A

1. It is an expensive car.
2. She is a new teacher.
3. That woman is a slim doctor.
4. This is a cute puppy.

B

1. hungry   2. tall

C

1. are very fast   2. is very heavy

Unit 2

A

1. These / are   2. This / is   3. Those / are
4. These / are   5. Those / are

B

1. any / any   2. any / some

C

1. few   2. a few   3. little   4. few

D

1. Peter doesn't eat much meat.
2. There are many people at the library.
3. We had much snow last year.

Unit 1

A

1. were walking / started   2. was driving / saw
3. was waiting / met

B

1. he wasn't reading a newspaper / He was washing his car.

C

1. Maybe the boy was going down the stairs when he fell down.
2. Maybe she was watching TV when she fell asleep.

Unit 2

A

1. All the students went to the zoo.
2. Every student studies hard.
3. Every girl learns Korean in high school.
4. All the boys always play soccer after school.
5. Every book on the table is interesting.
6. All the teachers at my school are kind.

B

1. all   2. every   3. All   4. every
5. every   6. every   7. every   8. All

Unit 1

A

1. They won't take a subway. / Will they take a subway? / they won't

2. Peter won't buy a new car. /
   Will Peter buy a new car? / he will

B
1. Linda is not going to study English tomorrow. / Is Linda going to study English tomorrow? / she is
2. Mark is not going to eat cheese pizza. / Is Mark going to eat cheese pizza? / he isn't

C
1. He is going to take a picture.
2. She is going to drink coffee.

Unit 2
A
1. I usually take a walk after dinner.
2. Lisa always jogs in the morning.
3. Kevin never reads a newspaper.
4. Is she usually on time for work?
5. Kelly rarely drinks coffee.

B
1. fast   2. slowly   3. happily   4. loudly

CHAPTER 5   p.10

Unit 1
A
1. Is there a basement in your house? / there isn't
2. Are there strange women next to the bus? / there are
3. Are there a lot of cars in the parking lot? / there aren't

B
1. There aren't a lot of paintings in the museum.
2. There isn't a tiger in the field.
3. There isn't a snake on the grass.
4. There aren't many stars in the sky.

C
1. Are there / there aren't. / There are two cars.
2. Are there / there aren't. / There is a bicycle.
3. Are there / there aren't. / There is a man.

Unit 2
A
1. Open   2. or   3. Let's not
4. Don't   5. Don't

B
1. Don't park your car here.
2. Wash your hands before dinner.
3. Let's not buy the expensive car.
4. Be careful, or you will break your glasses.
5. Let's not go to the concert.
6. Let's have a party.

CHAPTER 6   p.12

Unit 1
A
1. They are at a party.   2. He is in a taxi.
3. She is on a bicycle.   4. It is on the table.

B
1. on   2. at   3. on   4. in
5. on   6. on   7. at   8. in

Unit 2
A
1. to   2. from   3. between

B
1. A monkey is climbing up the tree.
2. She is reading behind the door.
3. Let's meet at the airport.
4. The cat is sleeping under the sofa.

C
1. next to   2. between / and

D
④

CHAPTER 7   p.14

Unit 1
A
1. Whose / are   2. What / does   3. Whose / is
4. What / does   5. What / is   6. Whose / are

B
1. Whose shoes are they? / They are Bob's shoes.

B
1. Which   2. What   3. Which   4. What

Unit 2

A

1. How many
2. How much
3. How many
4. How much

B

1. ③ It's Friday.
2. ⑤ It is May 24th.
3. ① Just about three miles away.
4. ② I like the big one better.
5. ④ It takes about ten minutes.

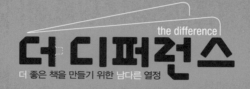